ANTIDOTE

AU

CONGRÈS DE RASTADT.

ANTIDOTE

AU

CONGRÈS DE RASTADT,

OU

PLAN D'UN NOUVEL ÉQUILIBRE POLITIQUE EN EUROPE,

Par l'Auteur des Considérations sur la France.

———

LONDRES.

1798.

PRÉFACE.

Le traité de Campo - Formio et le congrès de Rastadt ont donné lieu à cet ouvrage. Le premier est déjà annullé en ce qui concerne l'état de l'Italie, qu'on avoit prétendu fixer par ce traité. A cet égard, il n'a pas eu trois mois d'existence. . . . Le congrès de Rastadt dure encore en se traînant sur les erremens des conférences de Seltz et sur des notes toutes également pourvues, pour quiconque a pris la peine d'étudier le génie des deux parties : les Français haussant toujours de prétentions et de ton ; les Allemands s'humiliant à mesure.

Les résultats inévitables et déjà éprouvés de ces deux négociations nous ont engagés à rechercher si le nouvel état de l'Europe ne présentoit pas la possibilité de quelque combinaison , autre que toutes ces stipulations de désordre et d'opprobre ; si au lieu de traités d'un jour, d'un instant, il n'y avoit pas moyen d'esquisser un plan dont la solidité

des bases assurât la permanence , dont la
force intrinsèque opposât une barrière puis-
sante à la révolution.

Nous serions heureux si ce but étoit rempli
par notre ouvrage.

Nous sommes loin de penser que le plan
qu'il renferme soit le meilleur possible ; nous
avouerons même connoître deux combinaisons bien supérieures à celle que nous allons
développer ; mais on peut encore moins proposer aux Européens d'aujourd'hui les meilleurs arrangemens possibles , qu'on ne pouvoit donner aux Athéniens les meilleures
lois. Il ne faut aux uns , comme il falloit aux
autres , que ce qu'ils sont capables de supporter ; et certes , il nous semble que c'est
encore exiger beaucoup que de vouloir faire
passer l'Europe de l'état d'engourdissement
où elle est, de l'asservissement qu'elle montre
aux volontés de la France, de la faire passer,
dis - je , à l'activité , au courage , au soin
de ses intérêts propres , tels que l'exige le
plan pour l'exécution duquel nous osons les
premiers sonner le réveil à son oreille....

Nous observerons 1_o. que le premier caractère de notre ouvrage, celui auquel nous
attachons le plus de prix , est d'offrir enfin

un plan de politique honnête, oui, un plan
honnête.... On a trop abusé du nom de la
politique ; on l'a trop déshonoré par l'emploi qu'on en a fait, sur-tout dans ces derniers tems, où il est devenu le manteau de
tous les crimes et de tous les brigandages.
Nous avons voulu la ramener à sa pureté
naturelle, montrer la politique en accord
avec la religion, ainsi qu'avec la morale.
Le plan que nous proposons est tout dirigé
vers ce but ; il sera la preuve que le plan
de politique le plus vaste peut s'effectuer
sans porter aucune atteinte à ces bases de
l'ordre social, et qu'enfin, en politique
comme en géométrie, la ligne droite est
toujours la plus courte....

2°. Que ce plan est également favorable
aux deux grandes puissances, dont l'union
en fait la base et feroit le salut du monde,
si elle étoit également sincère et éclairée.

La Prusse y trouve réunis ses intérêts d'é-
tat et de famille.

Comme état, elle acquiert un nouvel allié
puissant, un allié nécessaire dans le nouvel
état de Hollande. Elle voit s'éloigner d'elle
la puissance française, que le congrès de
Rastadt lui donne pour voisine. Cet éloigne-

ment affranchit la Basse-Allemagne , que les cessions de Rastadt laissent à jamais ouvertes aux Français. Sûrement Frédéric n'eût jamais consenti à un pareil assujettissement.

Comme famille , la Prusse ne peut voir qu'avec transports l'élévation de la maison d'Orange , avec laquelle elle est unie par tant de liens , que les deux maisons semblent n'en faire qu'une seule.

L'autriche trouve dans ce même plan , le complément de son nouveau systéme d'agrandissement en Italie et d'éloignement de la France , avec laquelle il ne lui resteroit plus aucun point de contact. Ses possessions d'Italie sont tellement couvertes par le nouvel état de Piémont et par la ligne de places qu'elle acquiert , que toutes ses forces deviennent disponibles en Allemagne et contre le Turc et la Russie. Cet arrangement termine toutes ces importunes questions sur l'état de Belges et sur la dette de ce pays, qu'il devient facil de faire entrer dans les cessions et renonciations qui doivent accompagner ce changement de domination.

Là finissent aussi toutes ces honteuses questions si longuement débattues à Rastadt, et l'Empire germanique échappe encore une fois à la faulx qui le menace.

Quant aux autres parties intéressées, il est impossible qu'il y ait un seul plaignant; car tout le monde reste ou rentre à sa place.

C'est à dessein que nous avons fait de cet ouvrage, un devis complet de toutes les parties du plan. Il falloit répondre à cette foule d'hommes inconsidérés ou craintifs que toute idée neuve ou étendue frappe d'abord de stupeur, et qui commencent par objecter à tout, *cela est impossible.*... Il falloit leur montrer à-la-fois l'objet et les moyens et les analyser de manière à les rendre palpables. La mauvaise-foi peut seule désormais rejetter la démonstration que nous offrons. Nous n'avons pas, il faut l'avouer, été tout-à-fait insensibles au desir de répondre au reproche adressé tant de fois à ceux qui, écrivant sur les affaires publiques, et qui, ne rencontrant par-tout que des malheurs, laissent facilement échapper les sentimens dûs à une pareille série de désastres ; reproche

fondé, sur ce que, retranchés dans la cen-
sure, ils n'en sortent jamais pour rien proposer. On pourroit sortir à peu de frais de cet
embarras, et se borner à répondre, qu'il suffit de faire tout le contraire de ce qu'on a fait
jusqu'ici pour obtenir un résultat tout différent, et pour s'éloigner du précipice autant
qu'on s'en est approché. Mais comme la simplicité de cette réponse en éteignant, il est
vrai, une objection, ne met rien à la place,
et ne crée pas une idée : comme c'est d'idée
que l'on manque, nous avons voulu suppléer
à ce déficit, et présenter au moins un canevas
aux hommes qui gouvernent par-tout. . .

Nous avons à répondre d'avance à ceux
qui contesteront la base principale de notre
plan, qui est la guerre. Sûrement ils ont quelque droit de s'étonner de l'assurance avec
laquelle nous parlons de guerre au milieu de
la conjuration qui existe pour la paix d'un
bout de l'Allemagne à l'autre. On la veut
cette paix, à quelque prix que ce soit ! Honneur présent, sûreté future, déchirement
d'une partie de ses membres, dissolution de
sa constitution, tout cela, nous le savons, ne
paroît pas à l'Allemagne valoir un coup de

fusil, ou une minute de son sommeil. Nous connoissons depuis long-tems l'intensité de cette léthargie, dont le siège est dans les cabinets principaux de cette contrée ; léthargie qui, au reste, finira au jour et à l'heure où ils le voudront bien ; mais nous savons aussi que cette mesure d'évaluation n'est pas plus applicable à l'Allemagne qu'aux autres états de l'Europe ; que la décision de leur sort est hors de leurs mains et qu'elle réside toute entière à Paris, de manière que si Paris a besoin de la gu re, toutes les bassesses passées, présentes et à venir de l'Allemagne, seront en pure perte ; elle en aura la honte de plus et pas la guerre de moins. Il y a plus, c'est précisément parce que l'Allemagne veut la paix et qu'elle s'en montre affamée, qu'elle aura la guerre. Sa foiblesse et ses frayeurs appellent l'ennemi dans son sein et servent de régulateur à l'insolence et aux prétentions du directoire. Si au lieu du vil langage qu'il tient depuis huit mois, le congrès de Rastadt eût parlé avec énergie et fermeté : s'il eût montré des dispositions viriles à chaque nouvel écart de la députation française, peut-être auroit-il forcé d'entrer en compte avec lui, et eût-il

* *

obtenu quelque influence sur la décision de
la guerre ou de la paix, comme les Américains viennent d'y amener la fierté du directoire, et recueillent ainsi les fruits de
la seule négociation décente qui ait eu lieu
depuis la guerre. Mais après tout ce qui s'est
passé à Rastadt, croire que les convenances
et les décisions de cette assemblée soient encore de quelque considération ; croire d'un
autre côté qu'une grande république militaire puisse vouloir la paix, qu'elle renonce
volontairement et subitement au ressort principal de sa puissance , qui est la guerre ,
qu'elle abjure cet attribut essentiel et dis-
tinctif de sa nature ; croire qu'un état qui
s'organise tout par la force , qui y sacrifie
toutes les parties du corps social , toutes les
branches nourricières de l'état , retombe
tout-à-coup dans la paix ; croire à de pareilles contradictions , c'est forcer le cercle
des probabilités humaines , et croire aux
impossibles moraux. Passe encore pour les
impossibles politiques ou militaires , ceux-
là sont relatifs et en quelque sorte de convention : mais les autres sont fondés sur la
nature et immuables comme elle.

L'Allemagne , quoi qu'elle fasse , aura donc la guerre , et cette guerre est tellement inévitable , que si le congrès acceptoit d'emblée les dernières propositions de la France , celle-ci en présenteroit sur-le-champ des nouvelles , qu'elle tient en réserve et qu'elle feroit succéder jusqu'au point où il n'y auroit plus à choisir entre un refus absolu ou une ruine totale. On en aura la preuve dans la nouvelle scène qui se prépare. Sûrement l'Allemagne voudra encore user de condescendance envers la France , dans ses nouvelles exigeances : elle cherchera à les adoucir ou du moins à les scinder. Le but de cet attermoiement correspond d'ailleurs à l'intention de quelques puissances , qui est d'éloigner de l'Allemagne le foyer de la guerre , et de la concentrer en Italie , entre la France et l'Autriche. C'est une conjuration du Nord contre le Midi : eh bien ! l'on verra la France rejetter ce plan avec dédain , continuer de tenir l'Allemagne enchaînée au sort des combats , et cela , par la seule raison qu'elle y trouve une proie toujours facile , tandis que l'Italie n'offre plus rien qui puisse tenter l'avarice du directoire.

La médiation que la cour de Berlin prépare pour de nouveaux territoires d'Empire, qu'il voudroit couvrir de l'ombre tutélaire de sa neutralité, n'aura pas plus de succès. Les Français la rejetteront, comme resserrant le cercle de leurs excursions, qu'ils cherchent toujours à étendre. Cet essai mesquin de la Prusse n'est bon qu'à lui montrer que lorsqu'il s'agit de ses convenances, le directoire ne tient aucun compte de celles d'autrui.

La Prusse auroit déjà reconquis la Hollande et les Pays-Bas, avec l'argent que sa ligne de démarcation lui coûte depuis quatre ans. Il est plus aisé d'aimer l'argent que de savoir l'employer à propos.

Peut-être croira-t-on découvrir quelque contradiction entre les deux tableaux que nous présentons alternativement de la force et de la foiblesse de la révolution. Après l'avoir peinte comme un colosse, dans la première partie, on la montre dans la seconde comme très - facile à détruire, contradiction au moins apparente, et que nous allons chercher à résoudre.

Les extrêmes se touchent dans cette ré-

volution encore plus que dans tout. Montée
au faite du pouvoir dès le 14 juillet 1789,
s'est-il écoulé une seule année dans laquelle
on ne puisse assigner une ou deux époques,
auxquelles elle a dû périr! Le ciel en a disposé autrement. Il en est de même de sa
force actuelle. La révolution a une grande
force d'institution et d'immenses matériaux
de pouvoir; cela est incontestable. Mais ces
moyens sont balancés par des vices internes ;
au moins aussi grands. Une organisation régulière n'a pas encore donné à ces matériaux la force qui résulte de la bonne disposition des parties. Un désordre affreux, des
dilapidations sans exemple, énervent leurs
forces et affoiblissent leurs ressorts. Certainement il résulteroit une grande force de la
réunion de six nouvelles républiques , agis-
sant de front sur des principes et des intérêts communs. C'est ce qui arrivera si on leur
donne le tems de s'organiser complettement.
Mais dans l'état actuel, sortant d'une création nouvelle , elles en ont encore toute la
foiblesse , et le seul sentiment énergique qui
leur est échappé, a été pour exhaler toute
leur haine contre leur créateur. Ces nouvelles
républiques n'ont encore ni armées, ni fi-

nances , ni organisation régulière. Les passions que tous les grands mouvemens politiques allument toujours , fermentent dans tous les cœurs. Il y a donc dans leur sein un contre-poids à la force matérielle qu'elles présentent au-dehors , et par conséquent les moyens réels de la révolution au-dessous de leurs apparences extérieures.

Il en est de même de l'assujettissement dans lequel nous peignons les Français , par rapport à leur gouvernement. Il est extrême sans doute ; mais il est tout factice , et loin de donner lieu de désespérer du peuple français , il doit au contraire inspirer de grandes espérances à qui connoît l'impétuosité du caractère national, et à qui veut calculer avec quelle force il se relèveroit de l'abaissement dans lequel on le tient. Cette explosion ne sera pas spontanée , il faut s'y attendre ; mais qu'on soulève au moins le poids qui écrase le ressort de la nation , que ce gouvernement terrible soit au moins dépouillé d'une partie de cet éclat extérieur , de ce prestige d'invincibilité, qui fait retomber sur les sujets le poids d'humiliation des étrangers. Qu'on montre à son tour ce gouvernement dans l'humiliation de la défaite, dans l'embarras de la pénurie, dans la turpitude de sa nudité, et alors on connoîtra ce que peut et ce que veut le peuple français. Malheureusement c'est une épreuve à laquelle il n'a pas encore été mis, et tant qu'on se battra en retraite devant chaque fantaisie du directoire, tant que le congrès et les cabinets se borneront à l'humble rôle de ces cours d'enregistrement, on n'aura aucun droit d'attendre de la part des Français, abandonnés à eux-mêmes, un terme à un asservissement dont ils reçoivent le modèle de si haut. Au reste, cet assujettissement tant reproché aux Français, ne va pas plus loin de leur part que de celle des autres nations : toutes sont tombées au même esclavage et dans cette lutte ignoble de servitude, les Français ont au moins l'avantage de ne porter que leur propre joug....

Quelques conjectures contenues dans cet ouvrage ont déjà été réalisées dans l'intervalle qui s'est écoulé de sa composition à l'impression. L'aile du tems actuel est plus rapide que la plume de l'écrivain, et les événemens d'aujourd'hui devancent jusqu'à l'imagination.

La prise de Malte, la possession de l'É-
gypte, l'envahissement de tout le Piémont et
du royaume de Naples, donnent la juste mesure des conquêtes des Français : ils reçoivent
de la lâcheté et de la perfidie, les chefs des
plus fortes citadelles, et des barrières réputées impénétrables s'abaissent devant des
conventions dictées par les plus infames motifs. Ainsi, l'Europe plus effrayée qu'indi-
gnée, vient de voir tomber sans combat, par
le seul effet de combinaisons perfidement
ourdies, des boulevards devant lesquels les
deux plus puissans princes de l'Europe,
Soliman et Louis XIV, perdirent chacun
la fleur de leurs armées.

La prise de possession de la citadelle de Turin, a confiné le roi dans sa capitale, comme
Louis XVI le fut aux Tuileries ; comme lui,
il ne régnoit plus que sous le bon plaisir de
ses geoliers ; comme lui, il n'étoit plus qu'un
instrument contre l'Autriche en cas de guerre
et contre ses propres sujets, en cas d'un soulèvement inévitable contre les Français, lors
de la reprise des hostilités.

Cette occupation, jointe à celle de la citâdelle d'Alexandrie, envahie aussi sous les prétextes les plus odieux, et à tous les événemens arrivés depuis, change complettement le systême de guerre des Autrichiens en Italie, assure aux Français des avantages incalculables, en leur donnant une double ligne de places des Alpes au Tarano, et force l'Autriche d'augmenter son armée de quarantemille hommes.

Ce nouvel outrage, fait à la royauté dans la personne du roi de Sardaigne achève de démontrer notre plan. La foiblesse de ce prince est la cause des humiliations auxquelles il est condamné. Il ne seroit sujet à rien de pareil, s'il avoit la consistance que nous lui assignons. Les grandes puissances sont, à raison de leurs forces, à-peu-près exemptes de ces avanies : le directoire est forcé à son tour de dévorer les outrages qu'il reçoit aussi quelquefois, comme on a vu dans l'affaire de Bernadotte et dans celle des envoyés américains. Ses ambassadeurs qui règnent avec tant de fracas dans les petites cours du Midi, sont tout comme les autres, auprès des plus grands souverains. Les derniers excès commis contre le roi de

Sardaigne, doivent enfin faire prendre un parti et choisir entre n'avoir pas de rois ou en avoir de véritables. Il vaut mieux mille fois s'en passer que de voir dans leurs personnes couvrir la royauté d'insultes, restées toujours sans vengeance.

L'occupation de la citadelle de Turin est une partie du plan du révolutionnement de l'Italie et de l'Europe. On s'assure du Midi pour passer ensuite avec sécurité à l'attaque du Nord, dont les armées plus nombreuses et les gouvernemens, plus robustes, font craindre plus de résistance.

Malte a été enlevée moins à l'ordre qui y régnoit qu'à l'Europe entière, dont le commerce dans la Méditerranée reste par-là à la discrétion de la France : cette île coupe en deux cette mer, et enlève à l'Europe commerçante la partie la plus riche du commerce de ces contrées, qui est celui du Levant. L'occupation de ce point change toutes les relations commerciales des autres nations avec les échelles du Levant.

Malte est encore plus dominateur du commerce du Levant que le cap de Bonne-Espérance ne l'est de celui l'Inde ; car il y a à la pointe d'Afrique une latitude de mer qui n'existe pas entre Malte , la Sicile et les côtes de Barbarie....

L'étourderie avec laquelle les affaires générales de l'Europe sont menées est telle, que les deux points principaux qui ne devoient jamais être entre les mains des Français et des Anglais sont précisément occupés par eux.

La raison dit que des points d'utilité ou de danger communs, déjà très-forts par eux-mêmes, ne doivent jamais être possédés par des puissances trop fortes ; mais que l'intérêt commun exige que la force des localités soit compensée par la foiblesse des possesseurs qui, par cette raison, ne peuvent jamais devenir exclusifs. Eh bien ! une suite inouïe de fautes et l'absence de tout esprit public en Europe, ont livré les deux possessions qui maîtrisent le commerce général, aux deux nations les plus puissantes et les plus capables de frapper et d'interdir le commerce universel. Cette prise de Malte fournit matière à mille réflexions, qui ne peuvent trouver place ici ; mais dont les plus importantes, celles des causes qui ont préparé ce grand événement, n'ont encore été effleurées dans aucunes des mille observations qu'elle a fait naître.

Il en est de même de l'expédition de Buonaparte. Tandis que l'Europe s'amuse à calculer les chances de cette entreprise, elle ne s'apperçoit pas que c'est autant contre elle que contre l'Angleterre que cette expédition est dirigée ; que l'expulsion des Anglais de l'Inde, de quelque main qu'elle parte, n'est que le signal de l'expulsion des Européens de cette contrée ; qu'ils y seront réduits dans peu à un état pareil à celui qu'on leur accorde à la Chine et au Japon, et qu'en perdant la propriété territoriale de l'Inde, ils ne pourront plus fournir à ce commerce que par l'extraction du numéraire, qui achevera de les ruiner. C'est pour les Indes qu'ils exploiteront le Mexique et le Pérou. L'expédition de Buonaparte est donc une véritable conjuration contre l'Europe entière.

Si quelque esprit chagrin, si même quel-

qu'un des directeurs de cette lugubre tragé-
die, fatigués de l'importunité de nos conseils,
nous demandoient le titre de notre mission :
nous leur répondrions avec assurance que la
manie de conseiller, et d'écrire doit être
strictement réprimée dans les tems ordinaires: que simples spectateurs d'une scène
qui ne nous atteint pas, nous n'avons alors
aucun droit de nous immiscer dans sa conduite, et qu'enfin on peut bien se livrer au
gouvernement, lorsqu'il ne s'agit que d'une
légère augmentation de charges publiques ;
mais ici il s'agit de toute autre chose. Ce
n'est ni d'un impôt de plus, ni d'une place
dans l'armée, dont il est question, mais c'est
de la religion, des lois, de la société, de la
patrie, de la vie de chaque individu : lorsque,
atteint dans tant de points, après avoir attendu et observé en silence l'effet des combinaisons politiques, on trouve sans cesse
les cabinets bronchans dans la carrière, et
vous conduisant vers le précipice avec un
aveuglement opiniâtre, on a sans doute bien
payé sa dette a leur égard, et l'on a bien acquis le droit de les remette dans la route
qu'ils méconnaissent. Il seroit trop tard d'attendre le naufrage, et sur un vaisseau entre

ouvert de laisser le gouvernail à ces pilotes mal habiles. Tout européen a acquis le droit de recommander aux ministres de tout pays, ses Dieux, sa patrie et ses foyers ; ce sont eux qui leur ont fait perdre tous ces biens.

ANTIDOTE

AU

CONGRÈS DE RASTADT

CHAPITRE PREMIER.

Caractères particuliers de la révolution ; universalité, mobilité, incompatibilité et rapidité de la révolution.

QUELLE est l'origine des troubles qui agitent tant d'Etats ? quelle est la cause et des guerres qui viennent de finir, et des guerres qui durent encore, et des guerres qui menacent tantôt d'un côté, tantôt d'un autre ? qui a aboli dans une partie de l'Europe, la religion qui y dominoit ? qui a renversé ces anciens gouvernemens, et fondé ces nouveaux ? qui a expulsé de leur empire tous ces princes, dont le sang y régnoit depuis si long-tems, qui a envoyé en exil, qui y enchaîne encore cette foule de propriétaires qui errent de contrées en contrées ? quel est l'agent universel des agitations, par-tout où elles se montrent ? au nom de qui se font-elles, à quel but sont-elles uniformément rapportées ?

I

N'est-ce pas à cette révolution qui, commencée en France en 1789, tend graduellement à envahir l'univers, et à changer sa face, comme le renouvellement des saisons, en partant tour-à-tour du nord et du midi, s'étend peu-à-peu sur le reste du monde; et y fait régner alternativement l'hiver et le printems, les frimats et la verdure.

Comme aucun des bouleversemens actuels n'existoit avant cette époque, comme on ne connoît aucune autre cause, aucun autre mobile de tout ce qui se passe, il est juste d'en laisser tout l'honneur à la révolution, honneur qu'elle est d'ailleurs bien loin de refuser, et qu'elle a, au contraire, revendiqué mille fois.

Avant cette époque, l'Europe, et par elle, le monde étoit heureux en masse. L'homme, comme individu, et comme gouvernement y développoit depuis quelque tems avec un grand succès, un de ses plus nobles attributs, la perfectibilité. Elle s'exerçoit sur tout ce qui fait la force des empires, l'agrément de la société, et l'agrandissement de l'esprit. Si l'accroissement de la population et de la richesse, si la multiplication et le choix des jouissances de la vie, sont des signes certains de prospérité, on ne peut se refuser à reconnoître que l'Europe étoit dans un état de prospérité toujours croissante. Pour s'en convaincre, il n'y a qu'à consulter les tables de population en tout pays, qu'à considérer l'accroissement et l'embellissement des villes, créations nouvelles, presque partout, qui contrastoient si fortement avec les anciennes. Les signes métalliques de toutes richesses circuloient avec une abondance et une activité inconnues jusqu'alors : le commerce s'enrichissoit de productions nouvelles, et de moyens de transport qui lioient ensemble toutes les parties des états au-dedans et au-dehors. L'homme étoit généralement mieux logé, mieux nourri, mieux vêtu : si quelques-unes des anciennes appartenances de la grandeur avoient disparu, la commodité dédommageoit de la perte de la magnificence, et l'homme s'approprioit davantage des jouissances plus rapprochées de lui, et plus faites à sa mesure.

Les gouvernemens avoient déposé l'antique âpreté des formes, et la rudesse du joug. Elles tomboient par-tout, en cédant aux mœurs encore plus qu'aux lois. En général, on ne sentoit le gouvernement que par l'impôt et par la sûreté. L'un étoit le prix de l'autre. Encore presque par-tout, celui-ci étoit-il peu de chose. Les gouvernemens inaccessibles aux grands mouvemens de l'ambition, étoient plus économistes que machiavélistes, et lorsque les brigands qui les ont ébranlés ou détruits, ont osé leur adresser cette odieuse imputation, ils savoient bien qu'ils péchoient par le défaut contraire, et qu'au lieu de despotisme, il y avoit anarchie en Europe.

La fréquentation mutuelle entre les différens peuples, devenue plus commune et plus facile, avoit rapproché les mœurs et les cœurs, étendu la communication de la parole et des idées, et fondu, pour-ainsi-dire, tous les habitans de l'Europe dans une seule communauté, au milieu de laquelle il leur étoit impossible de se trouver absolument étrangers. Trop de points de contact existoient entre eux.

Tel étoit en somme l'état de l'Europe avant la révolution ; donc pour apprécier sa nature et ses effets probables, il suffit de mesurer la distance de l'état d'alors à celui d'aujourd'hui. La géométrie n'admet pas de démonstration plus rigoureuse.

Cette révolution est devenue l'affaire de tout le monde, l'affaire universelle, ou pour mieux dire, de Pétersbourg à Lisbonne, de Constantinople à Londres, d'Europe en Amérique, il n'y a plus qu'une affaire prédomi-

nante à toutes les autres, celle de la révolution. Il n'y a pas de neutralité possible avec
elle, pas plus qu'avec la peste et les incen-
dies : elle embrasse les individus et les empires. Parmi ceux-ci, combien pour lesquels
la révolution ne fut à son aurore qu'un objet de spéculation ou de risée, et pour lesquels elle est devenue, ici, un instrument
de ruine, là, et ce sont les heureux, un
sujet de terreur ; par-tout un motif d'inquiétude. Voyez l'Angleterre, savourant
d'abord la vengeance de la guerre d'Amérique, couvant ensuite d'un œil de convoitise la ruine du commerce de la France,
l'invasion de ses colonies ; et regardez-là
aujourd'hui acculée à la défense de son île ;
demandez-lui si la ruine du commerce français lui rend les quatre milliards que lui a
déjà coûté la guerre, si les troubles de la
France ont appaisé ceux de l'Irlande. L'A-
mérique, le Dannemark, la Suède, la Turquie, l'Italie ont aussi caressé ou méprisé
l'enfance du monstre. Dans sa croissance
rapide, il a déjà dévoré ceux de ces états
qu'il a pu atteindre : il ne cesse de molester
ceux que leur éloignement met hors de sa
portée. En un mot, à un état de calme et
d'ordre général, à des établissemens fondés

sur une religion à-peu-près commune, sur un corps de droit public universel , a succédé un état de trouble et de confusion générale , un état d'hostilités permanentes , d'athéisme permanent , de subversion dans la morale civile et politique, qui étoit en possession de régir le monde ; morale remplacée par je ne sais quels principes bizarres , dictés par l'ignorance et par l'intérêt personnel , qui, à la différence des autres codes de droit public communs par leur nature à tous les peuples , ne s'appliquent jamais qu'à une des parties , celle qui les a faits. . . . Il faut le dire : par le fait de la révolution , l'Europe est constituée en état de démolition dans toutes ses parties: religion , mœurs, langage , démarcation des empires , forme de gouvernement, classement des hommes entre eux , base des propriétés , tout est effacé , tout est refondu. La révolution brise d'abord les empires, elle en jette ensuite les morceaux dans ses creusets. Déjà six nouvelles républiques en sont sorties, et la vieille Europe paroît destinée à subir le rajeunissement de Médée. . . .

Telle a été, telle est, telle sera toujours la révolution. C'est un corps de destruction complétement organisé pour cette fin,

parfaitement homogène, adhérent dans toutes ses parties, qui dans sa course doit tout
écraser, ou être écrasé lui-même. Il n'y a
pas de milieu. La révolution est appellée à
tout détruire ou à être détruite. Elle ne s'en
défend pas, et déchire à plaisir le voile sur
l'avenir, comme sur le passé. Elle a résisté
aux changemens des chefs, aux chocs des
factions, aux vicissitudes des gouvernemens
successifs, aux attaques des ennemis armés,
aux embûches des ennemis cachés : en quelques mains qu'ait été déposé son redoutable
pouvoir, elle n'en a pas rallenti sa course
d'un seul pas ; quiconque en a saisi les rênes,
les a tenues d'une main également ferme :
elle semble avoir déposé son double esprit
sur chacun de ceux qui l'ont dirigée : étrange
spectacle, inconnu depuis la création du
monde, et qui ne peut être surpassé que
par celui qu'offrent ses adversaires, ceux
auxquels elle fait jurer haine depuis Amsterdam jusqu'à Rome, auxquels elle adresse
en vers et en prose, dans toutes les langues
vivantes et mortes, ses proclamations menaçantes, et leur annonce leur sort futur.
Car il faut l'avouer, à la louange, ou à la
honte de cette révolution : elle a mis dans
l'énonciation de ses projets une impudence

de franchise , qui n'a pas admis une minute de déguisement. Si elle a tout fait, elle a aussi tout dit, elle a tout proclamé à l'avance. Etoit-ce pour dérouter des ennemis habituellement empêtrés dans les replis d'une dissimulation routinière , étoit-ce insulte à leur foiblesse, ou conscience de ses propres forces, on l'ignore : mais on a entendu la révolution proclamer, par l'organe de tous ses écrivains, par celui plus éclatant encore de toutes ses actions, qu'elle étoit destinée à changer la face du monde.

Les mêmes dépositions sont également parties des deux bouts de la chaîne révolutionnaire. Buonaparte l'a dit comme l'abbé Fauchet, et la Fayette comme Anacharsis Clootz. En 1797 Buonaparte articule devant le Directoire , que l'ère des gouvernemens représentatifs date du traité de Campo-Formio , et qu'après quelques efforts encore, le monde sera libre. En 1790 , l'abbé Fauchet appelloit tous les peuples à se former en convention nationale , dont Paris seroit le siège , et tandis que la Fayette proclamoit la sainteté de l'insurrection, et d'autres maximes anarchiques, Anacharsis débitoit à la barre de l'assemblée , qu'il n'y avoit plus de gouvernement que celui des droits de l'homme et de la souveraineté du peuple. Le même système perce, comme on voit, à travers les extravagances des uns et les annonces plus enveloppées des autres ; mais la différence de la marche n'exclud pas la similitude du résultat ; elle la confirme au contraire par la coïncidence forcée sur le même point.

Il ne sert donc à rien de se déguiser ou de vouloir déguiser aux autres la nature toute particulière de cette révolution. Elle est, comme l'a dit Burke, une secte armée, procédant systématiquement à l'accomplissement de ses vues par l'établissement d'une nouvelle doctrine religieuse, politique et sociale : par tous les moyens réunis de la tyrannie et des gouvernemens réguliers ; par tous les arts des peuples policés , et par la férocité des sauvages , assemblage inéfable de contradictions, qui rapproche la civilisation de la barbarie ; l'héroïsme du courage , de la bassesse, de la peur , les plus vives lumières de la plus épaisse ignorance , et qui, réunissant ainsi les incompatibles , sait les faire concourir au même but.

Si l'on pouvoit mêler quelques images moins sombres à ce lugubre tableau, ne seroit-on pas tenté de rire de la perpétuité du contre-

sens qui fait confondre cette révolution avec
les autres ; de la gravité avec laquelle on
s'obstine à la traiter , comme les affaires autour desquelles tournoit l'ancienne politique.
N'est-il pas plaisant de voir les gouvernemens
s'évertuer à donner un démenti à la révolution
sur sa propre nature , et lui soutenir en dépit
des faits , malgré ses avertissemens réitérés ,
qu'elle n'est pas ce qu'elle dit être , et affirmer
ainsi , qu'ils la connoissent mieux , qu'elle se
connoit elle-même ? Car c'est là le sens véritable de toute leur conduite. Cependant les
conseils d'un ennemi sont quelquefois bons
à suivre , et la révolution en donne un excellent, toutes les fois qu'elle avertit de sa
véritable origine et de sa future destinée.

Par quelle fatalité se fait-il que cette vérité devenue également triviale , dès le commencement de la révolution , pour tous ses
amis et pour quelques-uns de ses ennemis ,
se soit arrêtée à eux , et que s'élevant de-là
dans les régions supérieures , elle ne soit pas
parvenue aux hommes destinés à gouverner
les autres , ou aux puissances principales ,
faites pour déterminer les plus foibles. On
compteroit jusqu'à trois ministres principaux
qui ont entendu d'emblée la révolution. Par
une singularité remarquable , ils apparte-

noient tous les trois au midi de l'Europe, et par un malheur insigne, ils ne présidoient qu'à des états du second ordre.

Tous les malheurs de la révolution, tous les embarras des gouvernemens datent de cette fatale méprise. Le principe, une fois manqué, il n'y a eu qu'erreur dans les conséquences : c'étoit forcé. Par-tout on a fait fausse route, et plus on la continue, plus on s'éloigne du but. Aussi voyez quel profit les gouvernemens retirent de leurs tentatives, de leurs efforts, soit pour, soit contre la révolution, rien n'y fait ; il semble qu'on travaille à asseoir une pyramide sur sa pointe.

Parmi les révolutions qui remplissent l'histoire, les plus remarquables par leur étendue et par leur durée, sont celles où l'esprit de secte s'est mêlé à celui de politique, et les objets intellectuels aux objets matériels.-Les révolutions causées par des querelles de pure ambition, soit au - dedans, soit au - dehors des états, sont presque toujours restées locales ou passagères. Les voisins ont pu vouloir en profiter sans s'exposer beaucoup : la politique étoit leur excuse, et dans ce cas peut-être étoit-elle valable ; mais il en est tout autrement des révolutions qui touchent à-la-fois au pouvoir et à la morale, soit religieuse, soit civile. D'abord, le foyer des dissentions est double en nombre ; ensuite, il est illimité dans son étendue ; des objets de cette nature s'étendent à tous les hommes, à tous les pays : ils trouvent par - tout des passions à remuer et peuvent n'avoir de limites que celles du monde.

Si dans quelque pays, le prince et les sujets ne s'accordent pas entr'eux, si l'ambition arme les membres d'une même famille, ou les Grands contre le prince, le reste monde demeure à-peu-près étranger à la querelle, nécessairement circonscrite dans un territoire borné. Mais si ces mouvemens sont excités par l'introduction d'une doctrine nouvelle et des principes généraux, applicables par leur nature à toùs les pays et à tous les hommes, alors la question change entièrement de face, et l'intérêt est le même pour tous ; car tous sont atteints ou susceptibles de l'être.... Les Armagnacs et les Bourguignons déchirent la France : Charles VII met fin à ses divisions, et l'Europe n'en est pas troublée. Alors même le grand schisme d'Occident la partageoit depuis soixante ans, entre Avignon et Rome. La rose rouge et la rose blanche saccagent l'Angleterre pendant cinquante ans : le reste de l'Europe ne s'en

apperçoit pas. Henri VIII, Luther et Calvin
la divisent et l'ensanglantent pour des siècles.
Si Mahomet n'eût voulu qu'un empire, peut-
être fût-il resté conducteur de chameaux,
au moins son empire auroit déjà péri dans
les révolutions, si communes aux pays sur
lesquels il auroit régné ; mais il est révolutionnaire en religion, en législation, en morale : les esprits s'enflamment, les dogmes
s'étendent avec l'empire : le roi disparoît,
mais le prophète législateur règne encore
sur la plus grande partie du monde. Les
révolutions combinées d'opinion et de politique, sont donc d'une toute autre conséquence que les révolutions de simple politique. Or, quelle révolution réunit jamais
dans un degré plus éminent, que la révolution française, les attributs et les dangers
de ces doubles révolutions. Religion, morale, gouvernement, elle atteint tout, elle
renouvelle tout. . . . Nous l'avons déjà dit,
et nous n'y revenons que pour ne pas omettre
que ces renouvellemens même, tous coordonnés vers un même but, ne sont le plus
souvent que provisoires, et attendent comme
les matériaux d'un édifice, leur place définitive. Ainsi il est aisé de juger qu'entre
toutes ces républiques qui se grouppent au-

tour de la France, elle seule, à-peu-près, atteint sa consistance définitive. Le reste n'est que provisoire; ce sont des pierres d'attente qui entreront, il est vrai, dans la construction totale de l'édifice, mais à des places différentes de celles qu'elles occupent maintenant. Par exemple, les républiques cisalpine, romaine et ligurienne ne subsisteront pas dans leur état actuel de républiques séparées. Cet isolément n'est qu'un passage. Il falloit les arracher à l'ancien édifice politique de l'Europe, les organiser provisoirement contre elle, et puis les ramener, suivant les circonstances au but indéfectible de la révolution. De leur réunion s'élevera peut-être avant peu, la république italique, annoncée déjà par les révolutionnaires cisalpins, et adoptée en esprit par la révolution, en vertu de deux de ses grands principes, l'unité des nations, et les limites naturelles des empires. On passera ensuite plus loin : la république espagnole ou ibérienne, la république germanique, la sarmate, l'anglaise, la hongroise, sont assurément déjà décrétées à Paris, *in petto*, et l'on n'y attend que le moment opportun pour les proclamer. Les petits remuemens qui auront lieu jusque-là ne sont que des essais, des ébauches qu'on ramènera à l'ordonnance

primitive et régulière d'une organisation universelle de républiques. Que la descente
en Irlande réussisse , l'indépendance et le
républicanisme y abordent avec l'armée de
la révolution française , ou plutôt elles la
précéderont ; car il est indubitable que la
reconnoissance de la république irlandaise
precédera l'envoi des Solons qui vont l'y
établir à coups de sabres. La raison de tout
ceci est simple. La révolution ne regarde
comme légitime que le gouvernement représentatif ; tout le reste est usurpation , erreur , violation de tous les droits : tout le
reste est marqué d'une tache de péché ori-
ginel , que le seul baptême de la révolution
peut effacer. Il n'y a donc de sa part que
reconnoissance provisoire , à l'égard des autres gouvernemens. Le but invariable étant
de tout républicaniser , on commence par
le faire sur tout ce qui tombe sous la main :
arrivent ensuite des circonstances nouvelles,
des hommes nouveaux qui donnent un nouveau tour aux arrangemens déjà pris , et qui
les ramènent à leur destination primitive.
Ainsi ont existé les républiques lombarde ,
cisrhénane et lémanique : ainsi existeront
jusqu'à la formation complète du grand tout
républicain , les différentes parties qui doi-

vent le former. Le plan total existe, n'en doutons pas, les matériaux s'y adaptent successivement, et la révolution les y classe, comme Paris classe dans son muséum, les monumens dont il dépouille les vaincus. C'est à cette épouvantable incertitude que sont réduits les peuples et les rois. Sur tout leur avenir ils n'ont pas d'autre donnée que celle d'une destruction jurée, inévitable; mais le mode même de leur future existence est couvert de plus de voiles, qu'ils n'en peuvent percer. Comment s'y reconnoîtroient-ils, comment adopteroient-ils quelques mesures avec maturité, tandis que la révolution ne donne à rien le tems de mûrir, tandis que ce prothée multipliant ses métamorphoses, les tient toujours hors de mesure avec les nouvelles circonstances qu'il crée sans cesse. Second caractère particulier de la révolution. La mobilité est un de ses attributs principaux. Variable dans tout le reste, c'est dans son principe qu'elle est immuable et fixe; là seulement elle peut être saisie avec sécurité. Burke l'a dit avec raison, cette méprise a tout gâté, au point qu'on n'a pas seulement commis des fautes contre la révolution, mais que tout ce qu'on fait contre elle, n'a été qu'erreur et faute.

Comment ne l'auroit-il pas dit en voyant les gouvernemens placés entre deux compéti- teurs, la monarchie et la république, se déterminer pour la dernière, et repousser l'autre comme un ennemi public. Les gou- vernemens se sont en effet trouvés dans cette alternative.

La monarchie leur tendoit les bras, et leur demandoit de la rétablir pour les af- fermir à son tour : la république au con- traire ne demandoit à se faire reconnoître que pour parvenir à les renverser. L'une donnoit une religion protectrice, une exis- tence assurée, la paix au-dedans et au-de- hors. L'autre n'offroit que ruine, incerti- tude pour l'avenir..... et l'on a pu balan- cer, et l'on balance encore entre deux rivaux de condition si différente, ou plutôt on ne balance plus, et le choix est fixé sur celui qui ne devoit avoir qu'à se montrer pour être à jamais proscrit : si c'est une épreuve, elle coûte trop cher pour la prolonger ; si l'on a attendu des modifications du tems et des autres influences qui agissent à la longue sur les institutions et sur les hommes, c'est une erreur démentie par trop de faits. Les corrections ne s'appliquent qu'aux acces- soires des choses, jamais à leur essence, tant qu'on laisse subsister celle-ci, elle agit suivant ses principes essentiels et ses qualités radicales. Elles peuvent être arrêtées, détournées ou affoiblies à un certain point, et pour un certain tems : mais dès que la contrainte cesse, la nature reprend ses droits et ses actes sont toujours, coordonnés à son principe. *Naturam expellas furca...*

La révolution est la démonstration de cette vérité, et celle-ci prouve, à son tour, qu'il y a dans son essence un principe d'incompatibilité avec tout ce qui n'est pas elle, avec tout ce qui a existé avant elle, avec tout ce qui existe autour d'elle. Il vous conviendra d'examiner si la république française peut coexister avec l'Angleterre, a dit Monge au directoire. Voilà qui est parler conséquemment, et clair, et qui n'est pas dit pour la seule Angleterre. Voilà ce que l'Europe auroit dû se dire depuis long-tems. Voilà la question devant laquelle tomboient toutes celles de jalousie, de rivalité, de haine; en un mot, toutes ces misérables querelles, que six années de malheur commun, quoiqu'on en dise, ont à peine épuisées. Combien de difficultés étoient applanies par la simple rectification de la question ainsi posée; elle ne présentoit plus que deux

points, la nature de la révolution et les dangers, c'est-à-dire, le principe et la conséquence... Cette simplification utile en toute
affaire, l'est bien davantage dans celles où
beaucoup d'intérêts aboutissent, et où beaucoup d'hommes sont appellés; quand ceux-ci
sont déjà si embarrassans, n'est-il pas trop
heureux de pouvoir alléger les choses, et de
retrouver, sur la légéreté des unes, la diminution du fardeau des autres.

Oui, depuis long-tems, dès le commencement des troubles, l'Europe devoit se demander si la révolution française étoit compatible avec elle, et prévenant l'insolence
de la question que celle-ci a osé lui adresser, régler toutes ses mesures sur ce principe. L'incompatibilité de la révolution avec
tout autre établissement préexistant, étoit
la seule question digne du tribunal de l'Europe. Elle étoit décidée depuis long-tems à
celui de la raison.

Quand la révolution s'est permise d'envahir la paisible Helvétie, cette Suisse pacifique, monument unique de bonheur créé
par le gouvernement patriarchal, de quel
prétexte a-t-elle coloré cette aggression, qui
est sûrement un des attentats les plus graves
de tous ceux qui composent cette longue

série de crimes, que l'on appelle la révolution française ; n'est-ce pas au nom de leur incompatibilité ? le fort a dit au foible que son antique existence ne pouvoit quadrer avec sa nouvelle création : la grande nation a dit à de petites peuplades que sa sûreté étoit compromise par le simple contact de formes un peu différentes dans leurs gouvernemens respectifs. L'extermination a suivi un retard d'obéissance. La Suisse est aujourd'hui livrée au pillage, déchirée par les Français, saturée d'outrages par le directoire, pour la faire entrer de gré ou de force dans les moules de la révolution. Tel sera le sort commun.

Le pape n'a été détruit qu'à titre d'incompatibilité : sa chûte étoit prévenue et annoncée depuis long-tems ; et il y avoit aussi trop de simplicité à croire qu'une révolution d'athéisme, toléreroit à sa porte, sous les attributs de la souveraineté, le chef de la religion qu'elle poursuit par-tout... Si telle est la révolution française en elle-même, pouvoit-elle être servie autrement que par des agens de même nature, et l'incompatibilité des hommes, ne devoit-elle pas correspondre à celle des choses ? Voyez aussi par qui elle est successivement menée et

poussée, tout homme qui l'aborde a-t-il
quelque chose commun avec le reste de l'humanité? ne commence-t-il pas par se dépouiller de son ancien être? n'est-il pas en lui-
même, un abrégé de la révolution? Ces
hommes, déjà si dangereux sous ces rapports, réunissent encore toutes les qualités
malfaisantes du cœur et de l'esprit. De celui-
ci ils en ont, et beaucoup; et l'état continuel d'agitation et d'éréthisme où ils vivent,
les force à le développer à chaque instant...
Il tend sans cesse vers deux objets, le pouvoir à acquérir ou à conserver, et la secte
à propager. Le cœur de ces hommes, fermé
aux affections ordinaires, ne s'ouvre qu'à
celles de la révolution : c'est la seule fibre,
qui y soit restée sensible. A force de la porter dans leur cœur, ils en ont chassé tout
le reste ; en un mot les yeux de ces gens-
là suivent d'autres règles d'optique ; leur
esprit conçoit et produit, leur cœur bat
différemment de celui des autres hommes.
Si quelques-uns tombent ou s'égarent dans
cette dure carrière, ils sont remplacés à l'instant par de nouveaux candidats, dont la
succession rapide fait régner sur cette révolution le feu d'une éternelle jeunesse. Burke
a très-bien remarqué que cette rotation ac-

célérée dans les titulaires d'emplois de tout genre, deviendroit dans peu une cause très-active de troubles au-dedans, ou de tempêtes au-dehors. Que faire en effet de ces milliers d'hommes qui, en regardant derrière eux, peuvent presque tous dire, *olim truncus eram*, passés maintenant au partage ou au faîte du pouvoir : législateurs, ambassadeurs, généraux, ministres, directeurs, disposant sous mille formes de la force et de la fortune publique, de la puissance de l'empire et de l'état des citoyens, s'identifiant avec la grandeur de leur gouvernement, incapables de rétrograder vers l'obscurité de leur origine, et de Cincinnatus, n'ambitionnant tous que la dictature ; que faire, dis-je, de tant de vanités et de cupidités ? Le monde suffit à peine à l'ambition de quelques citoyens romains. Il fallut renverser des empires, pour distraire ces citoyens trop grands pour leur patrie, et porter ailleurs l'emploi de leurs dangereux talens. La France menace des mêmes éruptions, et non pas au bout de quelques siècles, comme à Rome, mais à la fin de huit années de révolution, qui nous montrent déjà une plénitude d'ambitions malfaisantes auxquelles il faut chercher un débouché. Quels sont en effet ces

conducteurs de révolution , tantôt sous une
dénomination , tantôt sous une autre ? Hier
membres de comité , aujourd'hui directeurs ,
demain ordonnateurs aux armées et toujours
en mouvement ? Quels sont ces infatigables
fabricateurs de lois , qui revêtent autant de
toges , qu'ils savent donner d'interprétations
à leurs versatiles décrets : députés , consti-
tuans, législatifs, conventionnels...Quels sont
ces ambassadeurs qui courent d'un bout du
monde à l'autre , fatiguant les cours de leurs
prétentions , les bravant par leur insolence
et les violant par leurs entreprises ? Ne sont-
ce pas des hommes sortis de la révolution ,
éclos à sa chaleur, se mouvant en tout sens
dans son orbite et portant par-tout le feu
dont ils s'y sont imprégnés. Aussi voyez
comme la révolution gagne et s'étend, comme
les projets succèdent aux projets , les conquêtes aux conquêtes. A la Hollande envahie , il faut joindre l'Italie subjuguée : à celle-
ci la Suisse : après arrive le tour de l'Angleterre ; tout-à-l'heure, c'est l'Egypte ou quelque plage lointaine qui appelle l'ambition
de quelques spéculateurs de renommée ou
d'argent. Bientôt le monde sera trop étroit
pour l'hydre de tant d'émulations et de projets ; dans ce moment même , le remplace-

ment de quelques législateurs fait mille fois
plus de mouvement en France, que n'en a
fait dans le Nord celui de trois de ses principaux souverains, et les bancs de ces obscurs sénateurs se vident ou se remplissent
à plus grand bruit, que les plus grands trônes.

On a remarqué que l'époque augustale, a
compris un espace de cent soixante ans, pour
soixante-dix empereurs : c'est-à-dire un peu
plus de deux ans pour chacun, tandis que la
France n'a compté que soixante-six rois, pendant mille quatre cents ans : c'est-à-dire un
peu plus de vingt-un ans pour chacun. Les
huit années de la révolution ont donné à la
France plus de chefs, que la troisième race
n'a donné de rois pendant soixante-dix ans.
Le trouble d'une part, le calme de l'autre
expliquent cette immense différence... L'ac-
célération du mouvement s'étend à tout dans
la révolution. La scène change aussi vite que
les acteurs. On a dit au sujet du partage pro-
jeté de l'Allemagne, que ce siècle seroit bien
nommé, le siècle des partages : il le seroit
encore mieux le siècle des révolutions. Car il
a vu tout se renouveller et changer : il a
vu naître la Russie, la Prusse et l'Amérique : il a vu disparoître la Pologne, aby-
mer la France, subvertir la Hollande, la
Suisse, l'Italie et les Pays-Bas : et ce ne sont

là que les traits principaux, car les changemens moins importans sont innombrables, et se perdent dans cet Océan d'innovations. Que l'on compare le tems qu'ont pris
l'élévation de ces premiers états et la
chûte des derniers, avec celui que pre-
noient les anciennes révolutions, soit en
bien, soit en mal; et pour cela, sans s'en-
foncer dans l'histoire ancienne, qu'on compare seulement le tems des guerres civiles
en France, ou celui qu'il a fallu pour en
expulser les Anglais, avec les huit années
qui ont suffi à la bouleverser et à la républicaniser : la Hollande, combattant pendant
soixante ans pour son indépendance, et
soumise en six semaines aux jacobins : la
Suisse, sous les armes contre les Autrichiens
pendant cinquante ans, et sous le joug des
Français au bout de trois jours et demi,
car la guerre véritable n'a duré que du 2 au
5 mars de cette année. L'Italie ravagée, dis-
séquée en grands et en petits carrés, ce qui
étoit république devenant monarchie, ce
qui étoit monarchie devenant république
dans l'espace de deux ans, et ce même
pays remplissant autrefois le monde de désordres et de sang pour de misérables
Guelfes et Gibelins, pour les Sforces à Mi-

lan , pour les Médicis à Florence , pour les
Doria à Gênes : Venise combattant elle
seule la ligue de Cambray, voyant depuis
trois cents ans les flots de la puissance ot-
tomane , se briser sur ses bords , et ne tenant pas contre une simple sommation des
Français ; le nord de l'Europe ensanglanté
pendant cent ans pour l'union de Calmar ,
se précipitant ensuite pendant trente ans
sur l'Allemagne pour former l'équilibre de
la paix de Westphalie : toute l'Europe armée pendant quarante ans contre Louis XIV,
pour arracher de ses mains les Pays-Bas et
la Hollande, et ne trouvant , dans les tems
actuels , d'autres armes pour combattre cet
agrandissement *liberticide* , que l'insigni-
fiance de quelques notes de milord Malmes-
bury : certes , cet épouvantable contraste
glace d'effroi l'imagination la plus aguerrie
contre la peur , et laisse à peine la faculté
d'entrevoir où s'arrêtera ce torrent d'innovations... et ce qu'il y a de plus effrayant,
c'est que ces révolutions , marchant avec une
rapidité inconcevable , menacent d'engloutir
le monde en moins de tems que ne s'opéroient
jadis les plus minces changemens. Depuis
Salomon qui a dit que rien n'est stable sous
le soleil, jusqu'au dernier des écrivains, tous

ont remarqué dans les hommes et dans les choses une tendance invincible vers le changement, une pente naturelle vers une continuité de révolutions qui ont changé la face des empires et transporté leur fortune, comme les vicissitudes de la vie changent et transportent celle des individus. Mais semblables à ceux qu'opère la nature, ces changemens étoient passagers et graduels; ils n'enveloppoient pas le monde entier; ils étoient le produit combiné de la succession des tems et d'une série d'actions d'attaque et de résistance. En déplaçant la puissance, ils effleuroient à peine les mœurs et les lois. Le plus rapide de tous les conquérans, Alexandre court en vainqueur d'un bout de l'Asie à l'autre. Son joug passager y courbe un instant toutes les têtes; mais il ne s'y imprime pas: les débris de son empire suffisent à la formation de plusieurs royaumes; ce sont des états nouveaux au milieu de mœurs et de lois anciennes. Rome soumet à-peu-près tout le monde connu ou qui méritoit de l'être.

Les peuples reçoivent sa domination, mais ils gardent leurs usages et leurs temples; les Tartares envahissent la Chine, mais sans aucun dérangement dans les lois: et voilà qu'au bout de quelque tems les conquérans finissent par être conquis par elles. Dans tous ces cas, la souveraineté changeoit, mais les dieux les mœurs et les lois restoient. Quelle immense différence de ces commotions passagères et locales, au bouleversemens systématique qui embrasse le monde dans toutes ses parties. Là c'étoit une inondation partielle, un débordement de quelques instans. Ici, c'est le naufrage complet de toutes les institutions anciennes englouties par l'ouverture des cataractes révolutionnaires : et comme au tems du premier déluge, les hommes rient et boivent à la face d'une pareille catastrophe ! Qu'on nous pardonne de nous appesantir sur cette effrayante vérité ; mais comment se détacher de considérations qui embrassent tout ce qui touche à l'existence des sociétés, tout ce qui en fait la sûreté, le lien et le charme, tout ce qui donne quelque valeur à l'existence et quelque prix à la vie. Comment se soustraire à la plus vive affliction en voyant que si les plus légers changemens dans les états occupoient jadis la vie entière des hommes, les veilles des écrivains, l'attention de plusieurs générations, aujourd'hui les bouleversemens les plus étendus, ceux qui ont à-la-fois la forme et l'effet des ouragans, obtiennent à peine quelques signes de douleur ou quelques momens d'attention. Jadis les révolutions formoient les épisodes de l'histoire ; aujourd'hui elles sont l'histoire elle-même ; et comme si la répétition des mêmes scènes avoit la force du destin ou le pouvoir de blaser les ames ; on ne regarde plus chaque révolution particulière que comme une partie intégrante de la révolution totale, à la représentation de laquelle, spectateurs oisifs, on assiste sans autre intérêt que celui d'applaudir ou de siffler les acteurs.

Il faut observer que la marche de la révolution doit être accélérée à l'avenir, par deux circonstances qui sont toutes à son avantage. La première est le changement arrivé dans plusieurs états qui combattoient précédemment contre elle, et qui combattent aujourd'hui pour elle. La révolution étant devenue conquérante, les anciens points de résistance sont devenus des points d'appui et des leviers. L'attaque et la défense doivent se ressentir de cette intervention de rôles : les états non révolutionnés doivent être attaqués plus aisément par leurs ennemis fortifiés de leurs anciens adversaires.

La seconde, c'est que la répétition des scènes révolutionnaires et l'habitude des moyens analogues, ont ôté aux unes leur horreur, aux autres leurs difficultés. D'un autre côté, les scènes les plus atroces excitent moins d'intérêt que n'en excitoient jadis les plus minces événemens ; de l'autre, les moyens révolutionnaires étant devenus vulgaires, leur emploi ayant toujours été heureux, et leur succès certain, on s'est familiarisé avec l'idée comme avec les instrumens de révolution : on les a classés méthodiquement, et rien n'est plus commun que d'entendre demander quel est l'empire à l'ordre du jour, dans la ligne de la révolution.

CHAPITRE II.

Etat actuel de l'Europe. Comparaison de ses forces avec celles de la révolution.

PAR suite des progrès naturels ou factices de la révolution, par ceux qu'elle se doit à elle même ou aux circonstances qui l'ont favorisée, l'Europe se trouve partagée en deux parties, en deux zones, sous lesquelles il n'y a plus rien de commun : l'une révolutionnée, l'autre non encore révolutionnée. La ligne de démarcation s'étend de l'extrémité de la Hollande à celle de l'Italie ; d'Amsterdam à Rome : elle enferme cette vaste contrée qui fut la Hollande, la France, la Suisse et l'Italie : elle laisse derrière elle l'Espagne et le Portugal séparés du reste du monde, se débattant tant bien que mal contre les atteintes de la révolution. Ce sont deux puissances à l'agonie, dont la révolution tend à se faire la légataire universelle.

Les deux grandes divisions de l'Europe sont : l'une sur l'offensive, l'autre sur la défensive en tout tems et en tous lieux. Quand les armes sont posées, les manœuvres clandestines recommencent ; on n'abandonne la tranchée que pour la mine; en traitant de la paix, on fait encore la guerre ; chaque mot, chaque ligne des négociations est un acte injurieux ou hostile; toujours une des portes du temple de Janus reste ouverte.

On peut apprécier la durée et l'issue probable de cette lutte par la comparaison des forces respectives.

La révolution étend ses domaines sur les contrées de l'Europe les plus couvertes de population et les plus favorisées des regards du soleil, sur le sol le plus varié et le plus fertile, sur les hommes dont l'imagination et le génie ont le plus de mobilité et d'ardeur, dont le langage, les modes et toutes les productions sont recherchées, adoptées; enfin régnent par-tout. Les frontières de ce redoutable empire sont réputées impénétrables, également propres à la défense et à l'attaque. L'esprit de secte, dont il est pénétré, double ses facultés : l'affranchissement de tout principe religieux et de toute moralité lui rend tous les moyens égaux : les factieux, les mécontens de tous les pays, sont ses oreilles et ses yeux; enfin toutes les parties qui concourent à sa formation sont serrées, entre elles, par les liens les plus forts.

La partie non révolutionnée a sans doute

encore de grandes forces ; mais l'esprit vital qui pourroit les faire valoir n'existe pas chez elle.

Qu'on considère en effet la disposition de ces forces, l'unité possible de ses intérêts, la diversité de ses conseils, la consistance réelle de ses anciennes habitudes, les moyens relatifs d'influence qu'elle peut exercer sur son adversaire, qu'on compare cette position respective ; et l'on pourra juger jusqu'où s'étend la supériorité de la révolution. Sa rivale ne peut plus même s'appuyer sur des institutions vermoulues ou criblées d'outrages. Quoi ! depuis le nord Hollande jusqu'aux confins de l'Italie, la religion aura été détruite ou baffouée ; les trônes auront été renversés : en vertu de l'égalité, on rit de l'homme qui ose encore parler de noblesse et de titres honorifiques : tout l'échafaudage des anciens établissemens y jonche la terre, et cet objet de comparaison toujours subsistant, n'atténueroit pas nécessairement la force des institutions correspondantes dans l'autre partie de l'Europe. Certes, il faudroit connoître bien peu le cœur humain pour oser ainsi le démentir et compter comme appuis, des supports qui ont besoin d'être soutenus eux-mêmes.

A playder contre lo printems
L'hiver doit perdre avec dépens.

Mais le côté le plus foible de la partie non révolutionnée de l'Europe, c'est sa désunion et l'égoïsme, qui, rendant chacun étranger aux malheurs de ses voisins, le renferme tout entier en lui-même et lui fait chercher sa sûreté dans son isolement. A cet égard, la révolution a été pour l'Europe encore plus que pour la France, la révolution de la discorde : il n'y a jamais eu moyen d'en réunir, d'en tenir ensemble les parties. L'Europe n'a montré par-tout qu'une force centrifuge, et la république française a dissous ce qu'on appelloit la république européenne.

Entre mille exemples, on peut en citer trois principaux, qui sont encore sous nos yeux : celui de la Suisse, de l'Angleterre et du pape, tous également délaissés par les autres puissances.

Jamais cette indifférence fatale, ce fond de la mort ne s'est montré d'une manière plus alarmante aux yeux de l'observateur, que dans l'avant-dernière scène, celle qui a vu tomber le trône des papes. Il existoit depuis des siècles, sous la sauve-garde du respect de la chrétienté toute entière. Sa foiblesse faisoit sa force, en l'associant à celle de chacun en particulier. Cet hommage de convention étoit le résultat de deux sentimens, la reconnoissance et la nécessité: reconnoissance pour les bienfaits que la religion a versés sur le monde chrétien : nécessité de la maintenir pour le bonheur des peuples , et par conséquent de l'honorer pour la maintenir. Eh bien , ce trône de bienfaisance , environné de tant d'hommages , vient de tomber sous les coups de la plus noire perfidie. Un exécrable *guet-apent*, la violation du droit le plus sacré, devient l'odieux prétexte d'une invasion préparée de longue-main. La force attaque la foiblesse suppliante , la férocité se précipite sur la douceur timide et désarmée. Rome reçoit dans son sein le ravisseur de l'Italie ; le plus vénérable des pontifes , le plus humain des souverains est arraché à ses autels et à ses peuples ; victime des injures qu'il a reçues, et que d'infâmes calomniateurs osent encore lui imputer, il va cacher sa tête auguste dans l'obscurité d'un cloître ou dans les rochers d'une île , dernier et précaire asyle qui ne le sépare que d'un pas des éternels ennemis du culte dont il est le chef. Eh bien ! cette épouvantable catastrophe n'a pas arraché une larme, que dis-je , pas même un cri à qui que ce soit , moins encore à ceux que la répétion toujours imminente de pareilles scènes, menace à chaque instant, d'un pareil sort. Les chrétiens ont vu l'expulsion du pape comme celle du grand Lama ; les princes ont regardé le détrônement de leur confrère en souveraineté, comme celui du prêtre Jean.

Cependant cet événement inapperçu par la politique et par l'insensibilité , doit avoir les plus graves conséquences ; car si la puissance temporelle des papes importoit peu à l'équilibre de l'Europe, s'ils ne pesoient pas un grain dans cette balance , il n'en étoit pas de même de la puissance spirituelle ; et la perte de la première entraîne nécessairement , quoiqu'on en dise , celle de la seconde. Il ne manque plus , au malheur du monde , que d'ajouter les discordes religieuses à celles qui l'agitent déjà , et c'est pourtant le résultat inévitable du dernier événement de Rome.

2°. La Suisse servoit de barrière à l'Allemagne et à l'Italie. Son salut intéressoit donc ces deux contrées , sous des rapports essentiels. A - t - on fait un pas , une démarche ? a-t-on écrit une seule note pour l'arracher des serres de la révolution française. Elle a ajouté la Suisse à ses domaines, sans éprouver plus de contradictions, que, si elle n'eût fait que travailler sur un de ses cent départemens. Il y alloit cependant du salut de l'Allemagne et de l'Italie, et la moindre conséquence qu'on puisse prévoir de cette révolution, pour l'Allemagne, est une différence de cent mille hommes de plus ou de moins contre elle.

L'Angleterre donneroit, en tombant, l'empire de la mer à la révolution. Celle-ci a déjà celui de la terre. Qui pourroit alors lui résister ? Les colonies anglaises étant mises, par elle, sur le même pied, que les colonies françaises et hollandaises, les quatre parties du monde sont envahies sans ressource. Eh bien, les dangers palpables de ce résultat, qui ne peut être balancé par aucune autre considération, ne parlent aux yeux et au cœur de personne ; et 'e reste de l'Europe assiste aux préparatifs d'une descente qui renferme sa destinée propre, comme à un spectacle de pure curiosité. Il faudroit aller au secours de l'Angleterre, même malgré elle : il faudroit faire violence à sa fierté. Est-il même bien sûr que l'on fasse des vœux pour elle ?....

L'état politique de l'Europe reposoit sur trois grandes bases.

1°. Le traité d'Oliva de 1660 , pour le Nord. 2o. Celui de Westphalie , pour l'Allemagne. 3°. Celui d'Utrecht , pour le Midi.

Rien de tout cela n'existe plus. Les traités de Bâle , de Campo-Formio et le congrès de Rastadt , ont sanctionné le désordre général , introduit depuis le premier partage de la Pologne et confirmé par la guerre d'Amérique. Les anciens traités créoient , établissoient quelque chose : les modernes ne font que détruire. Le traité de Bâle a scindé l'Empire et rompu toutes les digues de la révolution. Les événemens subséquens l'ont à-peu-près annullé. Le traité de Campo-Formio , déjà violé en plusieurs points , par les Français , est devenu inapplicable aux nouvelles circonstances , créées par les révolutions de la Suisse et de Rome , ou bien il à amené ces révolutions , s'il ne leur est pas totalement étranger.

Le congrés de Rastadt va sanctionner le déchirement de l'Empire et l'accroissement de la France , à un degré qui ne laisse plus aucun espoir de liberté à l'Europe. Il est juste de compter au nombre des avantages de la révolution sur sa rivale , 1o. l'inério-

rité relative de leurs agens réciproques ;
2 . les principes d'union qui existent entre
toutes les branches de la révolution ; 3°. les
principes de conservation qu'elle s'est mé-
nagés.

Il est vrai, et c'est une observation confirmée par trop de faits, que la révolution
a partagé l'espèce humaine en deux classes :
d'un côté la foiblesse et la vertu ; de l'autre
l'énergie et le crime. D'une part tout égale-
lement légal, mais foible ; de l'autre, tout
également coupable, mais énergique et
plein. Ici l'incertitude, l'erreur à; côté de
toutes les qualités sociales ; là, la perspica-
cité et la vigueur d'esprit, à côté de l'absence de toute moralité, et comme si ce
n'étoit pas assez de cette épouvantable suprématie du crime, ce n'est pas à lui seul
qu'elle s'est attachée : elle s'est encore étendue aux individus, de manière que rien n'a
été plus commun dans la révolution, que
de voir des hommes disgraciés par la nature,
connus par tout pour leur médiocrité, une
fois qu'ils ont été engagés dans cette nouvelle carrière, y puiser un esprit nouveau,
s'y créer des qualités qu'on étoit loin de leur
soupçonner, primer ceux dont ils avoient
l'habitude de recevoir le ton ; en un mot,

se retremper en entier dans la révolution et finir, soit par agrandissement personnel, soit par leur liaison avec le piédestal de la révolution, par figurer assez passablement sur son théâtre, et y acquérir une attitude imposante, ainsi qu'un ton assez haut pour pouvoir dire : *Et nous aussi, nous faisons peur.*

Il faut le dire : le parti de l'opposition a toujours été également foible ; le parti de la révolution toujours également fort : de manière que l'on a vu, au grand scandale de la raison et de la révérence sociale, s'évanouir toutes les anciennes réputations, à la guerre comme dans le cabinet, à la tribune comme dans les affaires. Les hommes les plus consommés ont été constamment hors de mesure avec leur nouvelle besogne, avec des adversaires obscurs et des noms sans gloire. Ceux-ci au contraire ont été constamment à la hauteur des circonstances ; eux seuls ont eu des plans et de la suite, de l'audace et de l'habileté dans leur exécution : en un mot, eux seuls ont montré les talens des hommes d'état et des guerriers.

Expliquera qui pourra cette intervension des rôles, cette transposition des attributs des hautes classes aux inférieures, et de celles-ci aux supérieures. Il n'en est pas moins vrai qu'elle, existe et que le génie de l'Europe a constamment reculé devant celui de la révolution. Son étoile l'emporte visiblement sur des astres pâlissans et à leur déclin....

· 2o. Il existe des principes d'union très-intimes entre tous les membres de la révolution ; car il y a alliance de droit et de fait entre tous les nouveaux gouvernemens républicains. Les principes de ces gouvernemens étant parfaitement uniformes , les moyens qui ont donné le pouvoir aux gouvernans, étant semblables , les dangers de le perdre étant égaux , il s'établit entre tous une corrélation d'intérêts , qui fait de tous ces états un gouvernement de complices ; et l'on sait quelle force la complicité prête à une association. La France étant entrée le première dans les voies de la révolution, en connoissant mieux les sentiers , douée d'une grande prépondérance de forces , exerce sur toutes les branches de la fédération révolutionnaire , une suprématie de direction et d'autorité. Celles-ci prennent en tout les ordres d'une métropole, dont elles s'avouent les colonies. Entre elles tout traité est offensif et défensif, et pour toutes les guerres. Tous les mouvemens sont combinés sur le

même plan : ils ne doivent ni précéder, ni
retarder la marche commune : il faut que
tout marche de front...

Le général Joubert fait un 18 fructidor
à la Haye, pour aiguillonner la lenteur hollandaise. Le général Berthier en fait un autre
à Milan, pour brider la fougue des Cisalpins.
La Suisse reçoit l'ordre de n'admettre dans
son directoire, aucun citoyen des cantons
qui ont combattu contre la France. La nouvelle Rome formée sur les institutions françaises, recevra sûrement des admonitions,
et des corrections pareilles. En un mot,
Paris envoie aujourd'hui des constitutions
et des metteurs en œuvre de révolution,
comme il expédioit jadis des modes et la
poupée.

Qu'a l'Europe à opposer à cette chaîne
ininterrompue de directoires, de corps législatifs en alliance permanente, fraternisant
à Paris sur le même autel de la liberté, et
s'appuyant sur des bases communes d'intérêts et d'institutions civiles et religieuses ?
Certes, c'est là une formidable coalition,
et telle qu'il falloit les flancs de la révolution pour la concevoir et pour l'enfanter...

« 3°. La révolution s'est créé des principes

de conservation qui manquent à tous les autres gouvernemens.

Elle a établi que toutes ses propriétés sont impérissables et inaliénables. Ennemie des rois, elle a adopté pour ses possessions les maximes qu'ils avoient établies pour leurs domaines. Mais elle leur a donné une latitude, et laissé une ambiguité tout-à-fait convenable à ses intérêts. En vertu de cette doctrine commode, tout territoire réuni à ces gouvernemens nouveaux ne peut plus en être séparé. Le corps entier doit périr plutôt que de souffrir le moindre retranchement. Ainsi, il y aura la république française une et indivisible ; la république batave, une et indivisible ; les républiques helvétique, cisalpine, romaine et ligurienne, unes et indivisibles, devant passer à travers les siècles dans cet état d'adhérence, parfaite de toutes leurs parties, aussi imperméables que des blocs de marbre ou d'airain. A cette première qualité, la même loi ayant prudemment joint la faculté d'acquérir, il se trouve que toutes ces unités et indivisibilités peuvent toujours gagner ; sans pouvoir jamais rien perdre, toujours croître sans pouvoir décroître, jusqu'à ce qu'enfin toutes ces républiques venant à se renconfrer, ou s'arrêtent toutes à-la-fois ; ou se brisent par le choc de leurs principes d'existence. Qu'on examine quelle force relative se donnent des états, qui se constituent d'eux-mêmes sur de pareils principes ! Avec eux le sens naturel des transactions entre les gouvernemens est interverti : les accommodemens sont impraticables. Se bat - on ; c'est à mort ou pour rien : traite-t-on? d'une part on peut tout céder, de l'autre on ne peut rien céder : quel labyrinthe , grands dieux ! et quel dédale d'erreurs et de souffrances ne préparent-ils pas à ceux qui poussent la tolérance jusqu'à laisser introduire , dans la société, de pareils principes de désorganisation..... Alexandre partagea son empire entre ses capitaines : quelques conquérans ont distribué le territoire des vaincus aux compagnons de leurs victoires. La révolution française a conçu un projet tout autrement vaste ; dès long-tems tous ces remuemens ordinaires sont dépassés.

Après avoir transvasé pendant six ans toutes les propriétés meubles et immeubles de la France, après en avoir agioté le sol même, la révolution tend à partager le monde entier entre de nouveaux propriétaires souverains, et sur un plan tout de sa création. Le voici :

En 1792, la France révèle à l'Europe le don que la nature lui a fait des limites des Alpes, des Pyrennées, de l'Océan et du Rhin.

La révolution alors à son aurore parut tombée en délire, par le seul fait de cette annonce, qui excita généralement plus de mépris que d'effroi, plus de risées que de réflexions. On méconnoissoit alors toute l'intensité de cette révolution, comme mille autres de ses attributs, qu'il a bien fallu reconnoître depuis. Des revers passagers firent oublier totalement cette prétension ; mais la révolution, elle ne l'oublioit pas ; et lorsqu'à force de succès, elle crut n'avoir plus à compter qu'avec son épée , elle fit revivre ses droits comme le prix de ses sueurs et de son sang. On sait sur quel ton elle insiste à Rastadt sur la barrière du Rhin.

Mais c'étoit peu de travailler ainsi pour elle-même. Il falloit, pour completter le plan, assigner aux autres leurs possessions : suivez-en le développement... La Hollande cède une portion de son territoire : elle reçoit à son tour la promesse d'un dédommagement à la paix générale ; promesse qui l'attache à la France, par le lien toujours si fort de l'espérance.

La révolution est entamée à Bâle par l'espoir de la réunion du Friktal, cédé par l'Autriche. Toutes les anciennes divisions de la Suisse sont effacées et remplacées par celles que trace Paris. Le roi de Sardaigne est alléché par l'amorce de quelques cessions en Italie. Il faut arracher à l'empereur le Milanez pour lui *donner* Venise. A Rastadt, la France n'annonce-t-elle pas qu'elle se charge d'assigner dans le sein de l'Empire un dédommagement aux princes dépouillés. Qui sait par qu'elle perspective de cessions et de partages on a détaché la Prusse, la Hesse et tant d'autres puissances qui sont encore à attendre l'effet de ces conventions, dont elles ignoroient complettement le double but ! le premier étoit de faire de l'Europe une espèce de domaine national, qu'on partageroit entre de nouveaux souverains, comme on avoit partagé le sol de la France entre de nouveaux propriétaires ; le second but étoit de détruire les nouveaux souverains par l'effet même de ces dotations, et c'est là précisément que la révolution les attend......

Après les avoir détachés de leurs sujets, elle détache leurs sujets d'eux. Les délaissés et les nouveaux réunis n'étant d'ordinaire pas plus contens les uns que les autres, on profite de leur chagrin à tous, pour leur insinuer que ces changemens sont contraires à leurs droits, attentatoires à leur dignité d'hommes, qu'on les trafique comme du bétail, et que le seul moyen de se venger de l'ancien souverain et de se soustraire au nouveau, est de se jetter dans les bras de la révolution, où ils trouveront un refuge assuré contre la violation de leurs droits et contre l'instabilité de leur sort. N'est-ce pas ce qu'on vient de voir éclater en Brisgaw ? Et les agitations de la Souabe ont - elles d'autre objet et d'autre signification ? Tous ces pactes momentanés ne sont proposés par la révolution que pour se donner le tems d'arranger ses affaires, pour lier instantanément les puissances à son existence, ensuite pour les embarasser de la garde de sujets mécontens et suspects, et finir par leur arracher à-la-fois les anciens et les nouveaux. Ce *crescendo* de perfidie est exactement gradué sur l'échelle de la révolution...

CHAPITRE III.

De l'équilibre politique de l'Europe.

L'ÉQUILIBRE politique de l'Europe a fait depuis un siècle et demi l'objet de la sollicitude, et des spéculations des hommes d'état et des publicistes. Ce système entrevu par Henri IV, créé par le cardinal de Richelieu, confirmé par le traité de Westphalie, reçut son plus grand développement du roi Guillaume dans ses longues guerres contre Louis XIV. Il n'a cessé depuis ce tems de recevoir un culte d'habitude et de routine, jusqu'à ce que la révolution, venant à l'envelopper dans la ruine commune, ait démontré la fragilité de cet équilibre si vanté.

Il y a deux espèces d'équilibre politique; l'un naturel et indépendant, l'autre dépendant et factice.

Le premier provient de l'égalité proportionnelle des états, qui jouissant de facultés à-peu-près pareilles en territoire, en population, en richesse, en position géographique, peuvent s'opposer des moyens à-peuprès égaux d'attaque et défense; telles sont l'Angleterre et la France, entre lesquelles

le commerce , la marine et la position insu-
laire compensent l'inégalité de population ,
de territoire et d'armée. Il résulte une force
correspondante de moyens qui n'ont rien de
semblable. Ainsi les flottes anglaises contre-
balancent les armées françaises ; elles re-
prennent par mer les conquêtes que la France
fait par terre : le commerce lui donne la
richesse qui paie les armées étrangères
contre la France. Dans tous les cas , il y a
équilibre et peut-être plus qu'il n'en exista
jamais entre tous les empires connus. Rome
et Carthage furent aussi rivales ; mais pas
plus égales. La Prusse et l'Autriche , l'Autriche et la Russie , celle-ci et la Turquie ,
ont par différens accidens , malgré des iné-
galités très-apparentes , une parité véritable
de forces ; celle-ci est le gage de leur indépendance , qu'elles ont en elles-mêmes les
moyens de conserver et de défendre.

La seconde espèce d'équilibre résulte de
la jalousie naturelle des grands états entre
eux , de la protection qu'ils accordent aux
petits , enfin de l'attention de tous à empêcher les empiétemens trop avantageux
pour une puissance, au détriment des autres.

Dans la première espèce d'équilibre on se

protége soi-même , dans la seconde on est protégé.

Ces deux équilibres existoient à-la-fois en Europe ; et, chose remarquable, leur concours la laissoit encore sans un bon , sans un véritable équilibre politique. En voici la preuve.

La France, par sa population , par l'industrie et par le caractère hasardeux de ses habitans , par sa position au centre de l'Europe , dominant sur deux mers , ceinte d'une triple frontière qui l'isoloit presque autant que pourroit faire l'Océan , la France avec tous ses avantages dominoit réellement tous ses voisins du continent et justifioit le mot du célèbre marquis d'Orméa. Que parlez-vous d'équilibre de l'Europe , disoit ce sage ministre de Victor Amédée ; il est tout entier dans le cabinet de Versailles : qu'il sache seulement ce qu'il fait... Ce mot dit tout, et les conquêtes de Louis XIV et les déplorables triomphes de la république , ne prouvent que trop la prépondérance naturelle de cette nation , quand on sait en tirer parti... Voilà la seconde fois depuis cent ans , qu'elle met l'Europe à deux doigts de sa perte.

L'Espagne est une espèce de colonie française , ainsi qu'un comptoir pour les autres

nations : mais elle n'a aucune pesanteur spé-
cifique dans la balance de l'Europe. Isolément, elle ne peut rien contre personne :
aussi impuissante par terre contre la France,
que foible sur mer contre l'Angleterre ; placée
aux extrémités de l'Europe, elle n'existe,
pour elle , comme puissance , que de nom,
et pour les autres, que comme une mine en
état d'exploitation.

Le Portugal est encore moins sensible
dans la balance des pouvoirs européens. C'est
au Brésil qu'il faut l'aller chercher. Le corps
de l'état est là , et la tête seulement en Europe. Ses différentes parties sont trop éloi-
gnées pour avoir une vie véritable et une
action propre. Ce pays n'est qu'une colonie
de commerce pour l'Angleterre , comme
l'Espagne l'est pour la France. L'Italie n'é-
toit, avant la révolution, qu'une galerie de
tableaux ; un muséum que tout le monde
alloit visiter : mais elle n'avoit aucune influence dans les affaires politiques. C'étoit
toujours cette Italie , dont l'auteur des lettres persanes dit " que partagée en une infinité d'états , ses princes sont , à proprement parler, les martyrs de la souveraineté.
Nos glorieux sultans ont quelquefois plus de
femmes, que certains d'entre eux n'ont de

sujets. Leurs divisions habituelles tiennent
leurs états ouverts , comme des caravanse-
rais , aux premiers qui veulent y loger. Ce
qui les réduit à s'attacher aux grands princes,
auxquels ils font part de leurs frayeurs , encore plus que de leur amitié. ,, Il n'y avoit
rien de changé à ce tableau, quand les Français , qui le savoient bien , ont envahi ce
beau pays : il n'y en a pas pour lequel on se
soit battu aussi long-tems et aussi inutile-
ment. Car toutes ces querelles n'avoient
encore donné que le plus misérable résultat,
par une distribution de pouvoirs dans laquelle il étoit impossible de reconnoître aucun plan , ni rien qui annonçât la moindre
vue d'ordre ou d'arrangement.

Ainsi , des Allemands régnoient à Milan ,
et ne pouvoient arriver chez eux qu'à travers le territoire de Venise. Cette propriété
n'étoit défendue par rien du côté le plus exposé, qui est celui de la France. Car Mantoue, placée à l'extrême frontière de ce pays,
ne défend pas le Milanez. C'est bien la clef
de l'Italie du côté de l'Allemagne, mais c'en
est la porte du côté de la France. Le roi de
Sardaigne , placé entre l'Autriche et la
France , ne pouvoit équilibrer ni l'une ni
l'autre. Chacune en détail pouvoit le dévo-

rer ; dans leurs débats, c'étoit à lui à fournir le champ de bataille : placé aux pieds des
monts, il ne pouvoit lui seul fermer le passage
à la France, et dans le fait, le geolier des
Alpes étoit trop foible pour en garder les
clefs. Du côté du Milanez, contre les Allemands, sa position étoit encore plus mauvaise, car il n'avoit pas les avantages que lui
donnoient les Alpes du côté de la France.
L'Italie n'étoit donc défendue ni contre la
France, ni contre l'Allemagne ; cet état
passif étoit aggravé par les dissentions de
ces petits princes, tous préoccupés les uns
contre les autres, et toujours mal confinés.
Ainsi, le roi de Sardaigne craignoit et rongeoit le duc de Milan ; à son tour, il effrayoit
Gênes. Des possessions entre-mêlées d'antiques prétentions entretenoient des discordes éternelles entre Naples et Rome :
sûrement aucune apparence de force et d'in
fluence au-dehors ne pouvoit résulter d'un
chaos de souverainetés si mal ordonnées
entre elles.

Le midi de l'Europe étoit donc tout-à-
fait étranger à la formation de l'équilibre.
On ne commençoit à en appercevoir des
traces qu'en arrivant en Allemagne et en
s'élevant vers le Nord. Là, du moins, il

y a une espèce de plan et un correctif général pour les défectuosités innombrables qui
existoient au sein de ces états. Le traité de
Westphalie avoit réglé l'état politique de
l'Allemagne, et faisoit un corps de droit
public. Un grand nombre de puissances
avoient concouru à le former, à le soutenir, et dans ces derniers tems, d'autres s'y
étoient rattachées ; mais la multitude des
changemens amenés par la succession des
tems avoit altéré la substance de ce traité
au point de le rendre insuffisant et inapplicable aux circonstances. Les cessions faites
à Louis XIV en avoient attaqué l'intégrité.
Quelques-unes des puissances qui avoient
le plus contribué à sa formation, telle que
la Suède, avoient perdu leur influence, et
ne tenoient plus à l'Empire que par des
liens imperceptibles. De nouvelles puissances, telles que la Prusse, s'étoient élevées au sein même de l'Empire. La Russie
s'en approchoit chaque jour, l'Autriche au
contraire s'en détachoit et sembloit en vouloir porter les titres encore plus que le fardeau. L'opposition constante de la Prusse
avec l'Autriche avoit partagé l'Allemagne
en deux parties. Tout s'étoit rangé sous ces
deux bannières, au point qu'il n'y a rien de

plus rare en Allemagne qu'un Allemand. Il n'y a que des Autrichiens et des Prussiens. Mais leur opposition paralysoit l'Empire encore plus qu'il ne le conservoit : entre deux forces égales il y a repos; il en faut une troisième pour les mettre en mouvement. L'Empire avoit donc un équilibre de nom et de représentation , plus que de fait , et loin de servir à l'équilibre général , il demandoit au contraire qu'on travaillât sans cesse à maintenir le sien. Voyez aussi ce qui est arrivé quand la révolution l'a attaqué sérieusement.

L'Autriche possédoit une immense étendue de terrein , qui faisoit à quelques égards sa foiblesse autant que sa force. Car elle a des voisins par-tout et des frontières presque nulle part. Dans ses possessions lointaines des Pays-Bas , elle succède aux embarras encore plus qu'à la puissance de l'Espagne. Celle-ci y envoyoit par mer les armées que l'Autriche ne peut faire arriver qu'à travers l'Allemagne. Ces espèces de colonies continentales ne conviennent qu'aux puissances maritimes, qui peuvent y aborder en tout tems et à peu de frais. Les Pays-Bas mettoient l'Autriche dans la dépendance de la France ; le Milanez lui donnoit une partie de l'Italie pour ennemie. Les Turcs étoient, à la vérité, très-patiens à son égard : mais toujours inquiétans en cas de guerre avec la France ou avec la Prusse. La Russie en s'accommodant successivement de tout ce qui étoit à sa convenance, s'approchoit tous les jours de l'Autriche et devenoit un voisin très-alarmant. L'Autriche voyoit dans la Prusse un éternel ennemi : une suite d'animosité avoit établi entre ces puissances l'antipathie que la nature a mise entre certaines espèces d'animaux. A tous ces embarras, l'Autriche joignoit encore ceux de l'Empire, corps immobile pour l'action, quoique toujours en agitation. Dans cette position, l'Autriche avoit trop d'affaires pour servir efficacement au maintien de l'équilibre ; ses forces étoient trop divisées, et en pesant sur trop de points, elles ne pesoient assez sur aucun.

La Pologne n'a pas existé une minute depuis cent ans, au profit de l'Europe. Si le partage de ce pays fut le scandale de la morale, son gouvernement étoit aussi celui de la raison, et sa destruction ne peut que tourner à l'avantage des Polonais et de l'Europe, en condamnant les premiers au repos, en dispensant la seconde de les y ramener sans cesse.

La Prusse , qui prend une si grande part aux affaires actuelles de l'Europe , existoit à peine il y a cent ans. C'est une création nouvelle , elle a passé ce siècle à s'agrandir. Depuis dix ans elle tend à son dernier période d'accroissement ; et si elle travaille depuis quelque tems à l'équilibre de l'Europe , elle ne fait que lui rendre en tranquillité , ce qu'elle lui a coûté en troubles pendant un demi siècle.

La Russie est dans le même cas ; née pour l'Europe avec le siècle , elle n'a pas cessé de la troubler. Au lieu d'assurer l'équilibre, elle n'a fait que le déranger. Combien de fois a-t-il fallu l'y rappeller par des dispositions menaçantes. Cette puissance arrivée en peu d'années au terme possible de son agrandissement en Europe, n'a plus qu'à jouir du repos et à le faire goûter aux autres , elle peut y employer ses immenses forces avec d'autant plus de succès , qu'elle peut toujours aller faire du mal aux autres et qu'on ne peut guères aller lui rendre chez elle.

La Suède et le Dannemark soutiennent la balance du commerce plus que celle de la politique. Ces états sont trop loin , trop détachés du continent , trop maltraités de la nature. Quand la Suède tenoit un grand territoire en Allemagne et en Russie , elle influoit sur le Midi, à-peu-près comme la Prusse le fait aujourd'hui. Celle-ci et la Russie n'existoient pas encore , la Pologne étoit un chaos de barbarie ; mais depuis que la Suède a perdu presque toutes ses possessions continentales , à la suite du règne de Charles XII , ses rois, relégués au bout du monde , sont plus observateurs qu'acteurs sur la scène de l'Europe. Si l'union de Calmar avoit pu être maintenue , la force qui résultoit de l'union des trois couronnes , eût donné au Nord une toute autre influence. Depuis la guerre de la succession d'Espagne, la Hollande avoit perdu toute influence active sur les affaires de l'Europe ; elle y faisoit nombre plutôt que poids; nous en donnerons les raisons plus bas...

Quant à l'Angleterre , c'est une question de savoir si elle maintenoit plus qu'elle ne dérangeoit l'équilibre général. Elle dominoit sur mer ; elle régnoit sur le commerce et sur la richesse comparative des autres nations. Celles-ci étoient quelquefois forcées de s'unir contre elle. Invulnérable dans son

Île, présente par-tout par ses mille vaisseaux, elle se jouoit des orages qu'elle élevoit sur le continent ; ils faisoient sa sûreté et si elle songeoit à les appaiser, c'étoit lorsqu'ils alloient trop loin, ou qu'ils menaçoient de ruine quelqu'une des parties dont la conservation lui importoit ; c'est ainsi qu'en 1790, l'Angleterre, jouant en cela, le rôle de la France, arracha la Turquie des serres de la Russie.

Mais avec tous ces avantages, l'Angleterre devenoit étrangère à l'équilibre, toutes les fois que la querelle étoit entre des puissances purement continentales, ou qui abandonnoient leurs colonies. Par exemple, comment l'Angleterre sépareroit-elle la Prusse et l'Autriche, la Bavière et l'Autriche, celle-ci de la Sardaigne ou de la Turquie. Comment même attendroit-elle la France, lorsque celle-ci se refusera au soin de ses colonies, comme dans la guerre présente, aux profits du commerce, et portera toutes ses forces sur le continent ?

Dans ces cas extrêmes, l'Angleterre est évidemment hors de mesure... Il y a paru récemment : ses vaisseaux couvroient bien les mers, mais non pas Vienne. Quand les Français y marchèrent l'année dernière, et avec toutes ses flottes, elle n'a pu garder, ni la Corse, ni un port en Italie.

C'est ce qui rendoit si illusoire la triple alliance entre la Russie, l'Autriche et l'Angleterre. Elles ne pouvoient pas s'aider directement.

La communauté d'intérêts et des rapports apparens ne suffisent pas pour une bonne alliance; il faut des similitudes de moyens; il n'est solide union sans cette base.

De ce tableau de l'Europe, il résulte évidemment qu'il n'y avoit pas d'équilibre régulier sur des bases calculées et fixes.

Le traité de Westphalie étoit le seul monument en ce genre; encore n'est-il applicable qu'à une portion bornée de l'Europe: il a bien fait naître l'idée d'un équilibre général, de la nécessité de contenir les grandes puissances les unes par les autres, et de garantir les petites par une honorable clientelle; mais ce qu'il y a eu d'observé dans ce plan étoit plus d'habitude et de routine que de calcul. A la vérité, quelques puissances balançoient assez bien, mais elles ne formoient pas un tout combiné et adapté à un système général.

Les secousses que l'Europe avoit éprouvées depuis la paix de Westphalie, n'avoient jamais été assez fortes ou assez générales, pour faire desirer d'aller plus loin. On manqua le moment favorable au commencement de la guerre de la succession : succession assez ample pour former dès-lors un équilibre semblable à celui que nous proposerons. On a préféré de vivre sur d'anciens erremens, correspondans aux circonstances et aux besoins du tout. Il falloit le débordement de la révolution, pour faire sentir la fragilité de ce systême et le besoin d'attacher la destinée des peuples, à de plus fortes ancres.

La révolution a surpris l'Europe dans la position la plus critique, amenée par une infinité de causes toutes propres à faire ressortir la foiblesse de son systême... C'étoient le ressentiment de l'Angleterre contre la France pour la guerre d'Amérique ; la guerre de la Russie contre la Porte ; les querelles de l'Autriche avec les Pays-Bas ; le mécontentement de la Hollande contre Joseph II, pour la guerre de l'Escaut ; l'imprudence de celui-ci dans son aggression contre les Turcs ; la convoitise des trois puissances contre la Pologne, que l'on poussoit graduellement vers le tombeau, les frayeurs que l'Autriche faisoit à l'Italie.

[62]

Quelques puissances se trouvoient alors en
état de croissance et à la hausse, telles que
la Russie et la Prusse ; et cet état éloigné de
tout intérêt général ; d'autres au contraire,
tendoient à la décadence, et étoient à la
baisse.... Certes, jamais les liens de l'association européenne n'avoient été plus re-
lâchés ou coupés en plus d'endroits : la révolution a achevé de les briser. Examinons si
le congrès de Rastadt travaille à les renouer
bien solidement.

CHAPITRE IV.

État de l'équilibre de l'Europe, d'après le congrès de Rastadt.

LE congrès de Rastadt a deux objets : l'un extérieur, qui concerne les cessions exigées par la France ; l'autre intérieur relatif au maintien de la constitution germanique.

Le premier, d'un intérêt général, doit influer sur l'équilibre de l'Europe. Le second, d'un intérêt borné à l'Empire, n'intéresse que ses membres. C'est une affaire de famille qui doit se régler dans son sein et qui n'en sort pas.

Le premier rapport doit seul nous occuper ; le second nous est absolument étranger.

La France demande impérieusement à l'Allemagne de sanctionner les limites qu'elle s'est fixée elle-même à la rive gauche du Rhin. L'Allemagne paroît portée à agréer cette demande. Elle se borne à de minces réserves, et ne conteste en rien les conquêtes antérieures de la France, conquêtes qui rendent cette dernière indispensable et qui rendroient nuisibles à l'Allemagne même les objets en litige.

Ainsi, dans tout le congrès, on n'a pas parlé une seule fois de l'immence accroissement de la France : 1°. par ses conquêtes actuelles ; 2°. par les cessions qu'elle exige encore. La rupture de l'équilibre est tout-à-fait mise en oubli ; on ne lui conteste que des objets d'une valeur précaire, inutiles pour la balance générale, dangereux à l'avenir pour l'Empire lui-même.

Les Français demandent cette nouvelle cession comme un corrollaire de leurs conquêtes, comme le terme des querelles entre les deux États. C'est au nom des dangers qu'ils ont fait naître eux-mêmes qu'ils l'exigent. Mettons une grande barrière entre nous, disent-ils, dès-lors nous vivrons en paix. Ainsi les premiers hommes se partageoient la terre pour que les querelles de leurs bergers ne troublassent pas leur douce fraternité.

Quel est le sens véritable de cette demande de la part de la France ? quelle en sera la suite ? les voici :

Le projet de porter les limites de la France au Rhin n'est pas nouveau ; il a existé sous différentes formes. On sait combien de ressorts le cardinal Mazarin fit jouer au traité de Westphalie, pour s'assurer de la plus grande partie des Pays-Bas. Louis XIV reprit ce projet en grand et en poursuivit l'exécution pendant la plus grande partie de son règne ; Guillaume et les autres princes de son tems, étoient trop éclairés pour ne pas s'y opposer de toutes leurs forces. Aussi le firent-ils avec un courage et une persévérance que rien ne put détourner du but. Le succès couronna, comme il fait toujours, cette union du courage et des lumières. Dans ces derniers tems, on accusoit la France de convoiter le pays entre le Rhin et la Moselle, jusqu'à la pointe de Coblentz ; il peut être que le cabinet de Versailles ait voulu ajouter cette faute à tant d'autres.

La controverse de l'avantage de ces agrandissemens pour la France ne fait pas partie de notre sujet, quoique nous soyons bien convaincus, au risque d'être rangés dans la faction des anciennes limites, qu'aucun agrandissement ne lui convient et que son ancienne frontière est encore la meilleure pour elle comme pour ses voisins.

Ce que nous avons à examiner c'est la convenance de cet agrandissement relativement à l'Europe, sous le double rapport de la politique et de la révolution.

La France étoit depuis l'acquisition de la

Loraine , la puissance continentale la plus forte par sa population , par ses frontières naturelles et artificielles , et sur-tout par sa liaison et l'adhérence de toutes ses parties. Cette vérité est triviale à force d'être connue.... Aucun corps politique en Europe n'étoit aussi complettement organisé pour l'attaque et pour la défense : toutes ses forces étoient disposées sur une chaîne de forteresses , toujours également prêtes à fondre sur l'ennemi ou à le repousser... A ces forces , déjà existantes et mille fois éprouvées , la France veut encore joindre celles qui résulteront de la possession militaire et commerciale du Rhin , de la Moselle et de la Meuse. Si l'Allemagne pouvoit attaquer la frontière de la France par la Sarre et par la Moselle , l'occupation de Mayence et de tout le cours du Rhin lui en interdisent dorénavant toute approche. Quand les Français auront disposé des citadelles sur la rive gauche , comme ils ont fait en Alsace , qui pourra désormais la franchir ? Cette première ligne soutenue par celle de la meuse n'est-elle pas inforçable , et la France ne devient-elle pas impénétrable sur tous les points ? Car il ne faut pas la considérer sous le seul rapport de son agrandissement en

Allemagne , il faut encore la voir s'agran-
dissant du côté de l'Italie , par l'occupation
du comté de Nice , de la Savoie , de Genéve
et du pays de Porentru ; conquêtes qui bou-
chent tous les joints par lesquels on pouvoit
arriver à elle , lui donnent tous les moyens
d'attaquer , sans en laisser un seul pour l'attaquer à son tour.

A ce plan de défense matérielle , si bien
combiné , si bien lié dans toutes ses parties ,
joignez l'accroissement de population , des
matières premières pour le commerce , de
richesses territoriales et imposables ; et
toute l'immense dépouille que la révolution se crée par-tout par l'invasion des propriétés. Un tel ensemble de moyens , disposés avec cette précision , ne forme-t-il
pas une masse de forces , faite pour écraser
tous les autres états , incompatible avec
toute idée d'équilibre , et même de liberté.
Qu'est la Russie avec ses trente-deux millions d'hommes , errans sur la septième partie du globe , enchaînés presque l'année sous
un ciel de glace , confinée aux extrémités du
monde , sans numéraire , et avec un commerce grossier , en comparaison de la nouvelle France , couverte d'une égale population , resserrée dans un espace infiniment

moindre, défendue par une frontière d'airain, et touchant à-la-fois à toutes les parties de l'Europe.

A ces propriétés personnelles à la France
qu'on joigne encore l'accession des républiques dont elle s'est entourée, et dont elle
dispose, et l'on verra que la France n'est
plus un membre de l'Europe, mais son vrai
souverain, auquel le reste n'auroit plus qu'à
obéir, en s'épargnant les frais d'une résistance désormais inutile.

Si les anciens élémens de la puissance de
la France étoient tellement disproportion-
nés avec ceux du reste de l'Europe, dans
les tems ordinaires, combien cette inégalité n'est-elle pas augmentée par la révolution, qui les tient dans une fermentation
continuelle, propre à doubler leur force naturelle. La France bornée à son seul territoire, a tenu sur pied une armée de sept
cent mille hommes ; elle a culbuté et conquis une partie de l'Europe avec son ancienne population, car elle seule a fait jusqu'ici tous les frais de la conquête et de la
guerre. Elle conquerra donc le monde avec
l'addition d'une nouvelle population, avec
l'avantage d'une meilleure disposition de
frontières, qui fait une grande économie
dans les frais de garde, et qui diminue beau-

coup le nombre de ses ennemis , car les nouveaux sujets étoient les anciens ennemis.
Ainsi Rome conquit pied à pied l'univers
avec les peuples qu'elle subjuguoit....

Reconnoître une pareille puissance , un
pareil colosse , sanctionner son affermissement , est-ce faire autre chose que sanctionner sa propre ruine , et l'impossibilité de
s'y soustraire. Voilà cependant ce qu'on fait
à Rastadt........ Que signifient toutes les
questions qu'on y traite ? N'y en a-t-il pas
une bien antérieure à celle-là , celle de l'a-
grandissement de la France , ou plutôt le silence que l'on s'obstine à garder sur celle-ci,
ne la commande-t-il pas à l'avance sur toutes
les autres ? Dans le fait , qu'a-t-on à dire à
ceux qu'on laisse maîtres des Pays-Bas, de
la Hollande, de l'entre-Meuse et Rhin. La
véritable question est donc totalement écar-
tée. Au lieu de contester à la France une
aliquote de son agrandissement, il faut le
lui disputer en totalité ; l'un n'est pas plus
cher que l'autre , et donne un résultat bien
différent. Toutes les difficultés que l'on
éprouve dans le congrès , naissent de cette
méprise; et c'est toujours la même qui règne
d'un bout de la révolution à l'autre , d'en
négliger les principes pour ne s'attacher

qu'aux accessoires , aux branches. La perpétuité de ce contre-sens, malgré les suites
qu'il a déjà eues , confond la raison.

Cette erreur fondamentale en a produit
une autre.

Les Français tiennent à la possession
pleine et entière de la rive gauche. Les
Allemands n'en revendiquent qu'une petite
portion. Les Français allèguent que ces limites ne sont pas assez naturelles , que les
leurs le sont davantage , et que la démarcation tracée par l'Empire , tient à des intérêts particuliers. En tout cela les Français
ont raison.

Toute cette contestation est un contre-
sens de plus, fruit nécessaire du premier.
En effet qu'auroient à répondre les Allemands , si les Français leur disoient : que
disputer la rive gauche aux maîtres de Landau , de Mayence, de Luxembourg , de Juliers , de Venloo , du Brabant et de la Hollande est une véritable folie : que ce ruban de
terre est à peine bon pour établir un bureau
de douanes : que la sûreté de l'Allemagne
exige une vaste séparation entre elle et ce
qu'il lui plaît d'appeller la peste française :
que s'y refuser est éterniser à plaisir des
querelles déjà trop longues , et qu'enfin lors-

que l'heure des sacrifices est arrivée, il faut savoir les faire dans toute l'étendue des circonstances, et même de la fatalité.

Nous sommes loin, assurément, de penser à faire un thème pour les ministres français : ils n'en ont pas besoin ; et le ton tranchant de leurs notes l'indique assez ; et même qu'ils entendent la question beaucoup mieux que leurs adversaires. Ceux-ci se sont privés du droit de répondre comme il faut à la dernière question, en négligeant la première. Elles ne doivent jamais être séparées.

Le congrès de Rastadt est donc tombé dans une erreur capitale, subversive en totalité de l'équilibre de l'Europe, et en cela, entièrement opposée à l'esprit du traité de Westphalie, qui se rapportoit beaucoup à cet équilibre. Nous en avons dit la raison.

En descendant de ces généralités à ce qui concerne l'Allemagne comme puissance particulière, on trouve que le congrès de Rastadt est encore tombé dans une autre erreur. Il ne contesta en rien la validité de la limite du Rhin, ni quant à sa force, ni quant à son étendue. Or il est évident :

1°. Que cette barrière n'en est pas une contre la France, depuis Huningue jusqu'à Mayence. Ce fleuve n'y a pas encore atteint

le volume propre à former une barrière proprement dite. Combien de fois n'a-t-elle pas
été franchie ! dans ces derniers tems, qui
a-t-elle arrêté ? Les places de l'Alsace ne
l'annullent-elles pas ? L'Allemagne n'ayant
point de place sur ses bords , la barrière,
si elle existe , n'est-elle pas bien plus contre
l'Empire que pour lui.

En supposant même que la France ne retienne pas de têtes de pont sur la rive droite,
la barrière du Rhin n'en est pas moins une
chimère. Car elle est toute franchie du côté
de la Hollande. Les trois provinces hollandaises s'étendant beaucoup hors de ce fleuve ,
il est tourné de ce côté-là. En adhérant à
la cession de la gauche du Rhin , comme
limite naturelle , le congrès devoit au moins
demander , en vertu de ce même système
et des autres principes avancés par les Français , que la séparation des deux empires
s'effectuât dans toute son étendue, et que
l'Issel et le Zuiderzée concourussent aussi à
former cette grande limite....

Les Français auroient été fort embarrassés
d'échapper à l'application de leurs propres
principes , qu'ils doivent admettre ou rejeter
en totalité, dans les deux cas.

D'ailleurs le congrès a-t-il bien fait attention à la nouvelle position de l'Allemagne par la cession de la rive gauche et à la manière dont elle englobe l'Empire dans les domaines de la révolution. La Suisse étant révolutionnée, elle l'atteint sur son flanc gauche ; la France règne sur toute l'étendue de son front, la Hollande aussi révolutionnée tourne son flanc droit....

Voilà pour l'attaque... Quant à la défense, ces trois pays présentent du côté de l'Allemagne, l'aspect de deux bastions, liés par une longue courtine. Comment l'Allemagne résistera-t-elle à une pareille combinaison de moyens de défense et d'attaque, si, à la faute déjà si grande de l'abandon de la Suisse, on joint encore celle d'abandonner tous les pays qui servent de postes avancés, et comme d'avant-mur à l'Allemagne.... Il est à observer que l'abandon de la rive gauche met à découvert toute la basse Allemagne et le nord de l'Europe. Ils perdent la barrière de la Hollande, des Pays-Bas et des pays outre Rhin, que le traité de Westphalie leur avoit assurée, et que les traités subséquens leur avoient confirmée. Cette perte rend le congrès de Rastadt plus nuisible à la basse Allemagne qu'à la haute, dont une partie étoit déjà contigue à la France....

CHAPITRE V.

Plan d'un nouvel équilibre en Europe.

D'APRÈS les principes établis ci-dessus, il faut pour constituer un meilleur système en Europe, que les puissances principales aient des forces à-peu-près égales, une position correspondante et que toutes concourrent en quelque point à la formation de l'équilibre. Nous avons vu que cet équilibre existoit dans le nord, que le midi seul en étoit dépourvu, principalement par l'immense disproportion de la France avec tous ses voisins ; c'est donc cette puissance qu'il s'agit de borner, tant du côté de la Hollande, de la basse Allemagne, que de celui de l'Italie. Si l'on parvient à appuyer contre la France deux puissances, qui sans lui être égales, chacune en particulier, aient cependant de grandes forces et une position facile à défendre, deux puissances qui, placées aux extrémités de la France, aient un intérêt égal à la contre-balancer, à s'entr'aider mutuellement, dès-lors on aura donné à la France un vérita-ble contre-poids, et à l'Europe une sauve-garde, que l'une et l'autre n'ont jamais eue.

Pour y parvenir, il ne s'agit ni de démembrer la France , ni de dépouiller aucun état actuellement existant. Loin de nous ces odieuses idées , elles ont causé tous les maux que nous déplorons et que nous voudrions prévenir pour toujours. Notre moyen est plus simple et plus honnête : en politique , comme en géométrie , la ligne droite est toujours la plus courte.

Cet arrangement est tellement à la portée de tout le monde , qu'on ne peut s'étonner assez que les politiques dont l'infatigable scalpel dissèque impitoyablement cette pauvre Europe , ne ne soient pas arrêtés du premier coup à ce plan , qui , dans l'état actuel des affaires , étoit sous la main de tout le monde.

Il consiste , 1°. A réunir la Hollande , les Pays-Bas , la partie de l'évêché de Liège à la gauche de la Meuse et le duché de Juliers , sous un seul et même gouvernement attribué à la maison d'Orange , avec un titre royal...

2°. A donner à l'évêché de Liège le pays de Limbourg.

3°. A donner à l'électeur palatin , pour Juliers et Ravenstein , le duché de Luxembourg , qui se lie le mieux avec les états de cette maison aux Deux-Ponts et dans le Pa-

latinat : Luxembourg seroit déclaré forte-
resse d'Empire...

4°. Si la Prusse veut céder le duché de
Clèves, elle recevra les états du prince d'O-
range en Allemagne.

5°. L'Empire conserve son intégrité de
territoire et de constitution...

6°. L'empereur reçoit Mantoue, et la ligne
de Mincio jusqu'au Pô , avec Corfou et les
îles de la mer Ionienne.

7°. Celles de la mer Égée , et les petites
enclaves ci-devant vénitiennes sur la côte
d'Epire , resteront aux Turcs.

3°. Le duché de Milan , le Brescian ,
la Crémasque , le duché de Modène et le
territoire génois , sont réunis au Piémont,
qui formera le titre royal de la maison
de Savoie. Les petits territoires toscans ,
détachés du grand-duché , les fiefs impériaux et l'état de Parme y sont réunis....
L'infant reçoit la Sardaigne et la Corse ,
avec le titre royal de la première. Le Piémont rentre dans ses anciennes frontières
du côté de la France , y compris la Savoie.
Les forteresses du Piémont seront rétablies,
et l'on fortifiera les passages par lesquels
les Français ont pénétré en Italie.

9°. La Toscane reçoit de Naples Piombino et Orbitello.

1o°. Le pape rentre dans ses Etats ; il cède Avignon à la France , et Bénévent à Naples.

Développons les bases de ce plan.

Si quelque chose peut consoler des désastres de la dernière guerre, c'est que ses malheurs même fournissent des moyens pour une combinaison politique meilleure et plus large que celle qui existoit auparavant. Elle a créé véritablement une étolle, qui manquoit jusqu'ici , et cela de deux manières.

1°. Par la vacance de quelques territoires très-propres à cet arrangement.

2°. Par l'agrandissement de quelques puissances accrues de possessions à leur convenance , qui les dédommagent des territoires perdus, qui augmentent la masse de leurs forces , et qui leur en laissent un plus libre exercice. Ainsi la Prusse accrue d'une grande partie de la Pologne , a gagné à-la-fois une augmentation de territoire , de richesse et de population , ainsi qu'une grande facilité à la développer , par la liaison de ses possessions autrefois entrecoupées. De même l'Autriche trouve dans les quatre palatinats de Pologne un ample dédommagement pour les Pays-Bas , et dans l'acquisition de Venise, une propriété bien supérieure à celle du Milanez.

Le partage de la Pologne et l'occupation de Venise, en satisfaisant d'anciennes ambitions, ôtent aux co-partageans, d'abord des inquiétudes sur ce pays turbulent, et de plus des sujets de distractions pour leurs autres vues, qu'elles peuvent maintenant diriger vers l'objet qui leur convient..... La réunion des Pays - Bas à la Hollande et du Milanez au Piémont, forme, comme on voit, le fonds de ce plan. Nous n'y avons pas entrevu l'ombre d'une difficulté de la part de l'Autriche; loin de là, l'ensemble de sa conduite nous paroît contenir une renonciation formelle à ces possessions....

Car 1°. l'Autriche y a formellement renoncé; par les traités avec la France, elle a reçu d'amples dédommagemens dont la Prusse et la Russie ne la laissent jouir qu'à ce titre, et qu'elles lui contesteroient surement, si elle prétendoit les réunir à ses anciennes possessions.

2°. L'Autriche avoit renoncé de fait et d'intention aux Pays-Bas, long-tems avant de le faire par écrit. Elle sentoit vivement les inconvéniens de cette colonie lointaine, Celle-ci ne sentoit pas moins ceux d'une domination si éloignée. Les Pays-Bas, à peine supportables pour l'Autriche avec la France monarchie, lui devenoient insupportables avec la France république. On sait qu'elle n'y rentra qu'à regret en 1793, sur des espérances bientôt déçues. L'évacuation de ce pays suivit de près la courte apparition de l'empereur en 1794. Depuis lors, il n'a jamais songé à les reprendre. Que signifie autrement l'attention avec laquelle il a arrêté deux fois ses troupes victorieuses, lorsque ce pays lui tendoit les bras? Pourquoi a-t-il effacé soigneusement jusqu'aux moindres vestiges de son gouvernement en congédiant les préposés de tous les rangs dans chaque administration? Enfin, est-ce pour s'y ménager une porte de rentrée qu'il n'a rien stipulé en faveur des sujets brabançons qui le servoient dans la guerre, dans l'administration, dans la justice? Est-ce par foiblesse ou par oubli qu'il expose ses plus anciens et plus recommandables serviteurs à perdre la vie, en allant réclamer leurs biens?

Si l'Autriche ne veut plus des Pays-Bas, de leur côté les Pays-Bas veulent-ils davantage de l'Autriche? Les innovations de Joseph avoient aliéné ce pays; les partis s'y étoient formés. Il faut du tems pour fermer

!o pareilles plaies : la méthode éternelle de
l'Autriche de ménager tous les partis, de les
confondre dans l'administration, pour les dominer l'un par l'autre, n'étoit pas propre à
y ramener la paix. Les Brabançons déplo-
roient la violation de leurs droits, l'intrusion
des étrangers aux places, gens la plupart
inconnus, ignorans des localités et des besoins du pays. Mille autres causes concou-
roient encore à élever un mur de séparation
entre l'Autriche et les Pays-Bas; et dans le
fait, il y avoit divorce entre le prince et les
sujets:

Voltaire a dit de l'Autriche qu'elle ne re-
nonçoit jamais entièrement à une propriété,
et qu'elle marquoit d'un caractère inéffaçable
toute possession qu'elle gardoit seulement
pendant vingt - quatre heures. Si Voltaire
vivoit dans ce tems, il changeroit d'avis, et
sur-tout il engageroit l'Autriche à en changer.
Il lui diroit que la force réelle ne consiste pas
dans l'étendue et dans la dispersion du territoire, mais dans la bonne dispostion de ses
parties; que la tendance à s'agrandir sans
cesse, à tout convoiter ne fait que des ennemis; que l'ambition perd les empires,
comme les hommes; qu'en gouvernant dans
dans trop d'endroits, on ne gouverne nulle

part, et que des états trop étendus, nécessaire.ent vulnérables sur plusieurs points,
sont plutôt d'ostentation et de luxe que d'utilité véritable.

Ces maximes incontestables pour tous les
gouvernemens, s'appliquent dans toute leur
étendue à l'Autriche. Qu'elle s'examine bien,
et qu'elle prononce sur - elle même si elle
n'est pas mille fois plus forte et plus compacte
par ses nouvelles acquisitions, que par ses
anciennes possessions dispersées au loin et
ouvertes de tous côtés. Si d'ailleurs elle pouvoit y avoir quelques regrets, qu'elle songe
que les nouveaux états qu'elle contribue à
former par ses cessions, lui donnent une barrière contre la France, à l'Europe un équilibre et un frein à cette révolution qui lui a
déjà coûté si cher et qui est destinée à lui
coûter bien davantage, si elle n'est pas contenue de quelque manière.

D'ailleurs l'on ne peut concevoir pourquoi
l'Autriche auroit plus de répugnance à céder
le Milanez et les Pays - Bas à deux rois,
qu'à deux républiques, comme elle vient de
le faire....

Les avantages généraux de ce système
sont :

1o. D'établir à l'égard de la France un

contre-poids véritable. Les nouveaux états placés à ses extrémités , trop foibles pour l'envahir , ce qui ne peut et ne doit jamais être ; ces nouveaux états sont cependant assez forts pour l'occuper séparément ; et , réunis à d'autres , ils peuvent la contenir très-solidement. Au moins dans ce projet, les digues sont à côté du torrent ; au lieu que l'ancien systême les plaçoit au fond de l'Allemagne.

2°. De ne créer aucune nouvelle puissance inquiétante pour les puissances déjà existantes. La Hollande est trop éloignée de la monarchie prussienne et des couronnes du Nord pour leur faire ombrage. L'Angleterre lui sera supérieure sur mer ; l'Autriche n'a rien à démêler avec elle : si elle se réunit à la Prusse , elle jette l'Autriche dans les bras de la France , son ennemie naturelle.

Le nouvel état de Piémont est dans le même cas : bridé par Mantoue , par les places du Mincio , de l'Adige , de la Terre-Ferme vénitienne , il n'a aucun moyen , comme aucun intérêt de molester l'Autriche. En l'inquiétant , il la rapproche de la France , qui est autant son ennemie naturelle que celle de la Hollande. Par conséquent , ces deux états ne sont point malfaisans de leur nature ; ils sont conservateurs. Etablis contre la France, leur destination est remplie en la surveillant sans cesse et en s'entendant contre eux.

3°. Cet arrangement facilite les alliances entre les grandes puissances si nécessaires dans les dangers communs. Les grands états se lient bien mieux entre eux qu'avec de plus petits, qui, comme dit Montesquieu, apportent dans ces contrats leur frayeur encore plus que leur amitié. Ces sortes d'états ne supportent qu'une très-petite partie du fardeau de l'alliance ; le moindre revers les annulle, les dégoûte ou les détache...

Au contraire, les états d'une consistance robuste offrent dans l'alliance garantie, ressources et réciprocité. Par exemple, quelle différence pour la Prusse de s'allier à la Hollande constituée sur le nouveau plan ou sur l'ancien ? Dans celui là, tous les frais tomboient sur la Prusse, car ce n'étoient pas quelques millions de subsides mal payés qui la menoient bien loin. Dans celui-ci, au contraire, elle traite avec une puissance à-peu-près égale, qui peut lui rendre les secours qu'elle reçoit : il y a réciprocité, base de toute bonne et solide alliance....

Il en est de même du côté de l'Italie.

L'alliance du roi de Sardaigne étoit une

charge pour l'Autriche ; il manquoit d'hommes et d'argent. Aussi comment a-t-il fait la guerre et la paix ? Fondez-le sur le nouveau système , vous verrez s'il a besoin de l'empereur , hors des cas extrêmes , et si alors même il n'est pas par la force des choses , un allié solide et fidèle....

4°. Ce plan conserve l'intégrité de l'Empire en totalité , et résoud toutes les questions que l'on traite à Rastadt. Ce plan ne touche à aucune propriété, à aucun droit préexistant : il n'en coûte pas un pouce de terre , pas une larme à qui que ce soit. Depuis l'empereur jusqu'à l'abbé de Malmédy , tout reste ou rentre à sa place ; car je ne crois pas que personne soit tenté de réclamer en faveur des nouvelles républiques qui , à ce seul titre , méritent d'être renversées , soit que la France reste république , soit qu'elle redevienne monarchie. Dans le premier cas , il y en a bien assez avec la république de France ; dans le second , il y a incompatibilité.

5°. Ce plan offre à tout le Nord une garantie telle qu'il n'en eût jamais. Dans l'ancien ordre de choses , il existoit , entre la France et lui , une barrière bien foible , il est vrai ; mais enfin , il en existoit une par l'interposition des Pays - Bas , de la Hol-

lande , et de la partie de l'Empire située
sur la rive gauche. La cession de cette rive
découvre entièrement le Nord , et le rend
limitrophe de la France. Car par le traité
de Rastadt , la Basse-Allemagne va confiner
à la France , ainsi que les villes anséatiques
qui n'en sont plus séparées par rien. Cet
inconvénient est évité dans notre plan ; il
donne pour bouclier à tout le Nord un état
puissant par terre et par mer ; état qui n'a
jamais intérêt de l'attaquer , qui a toujours
celui de le défendre contre l'ennemi commun qui est , et qui sera toujours la France.
En descendant de ces avantages communs
à plusieurs états , vers ceux qui sont personnels aux nouveaux , on trouve que le systême proposé crée dans leur propre sein
des facultés dont ils avoient manqué jusqu'à ce jour. Ainsi les Pays-Bas et la Hollande étoient ouverts à la France , avant
comme ap ès la démolition des forteresses
sous Joseph : à cet égard , le traité de Bavière étoit insuffisant ; car l'établissement militaire des Pays-Bas et de la Hollande étant
très-foible , si les places étoient gardées , il
n'y avoit pas d'armée en campagne , et le
pays étoit envahi ; s'il y avoit une armée , il
n'y avoit plus de garnisons : les places étoient

prises : la France pouvoit toujours porter de
ses forteresses, une armée au cœur du Brabant, avant que celle de l'empereur eût quitté
la Bohême et la Hongrie. Tout cet arrange-
gement étoit détestable.

Liège, la Hollande, les bords du Rhin
n'étoient pas mieux défendus. Une armée
française sortant par Mézières et Givet marchoit droit sur la Hollande, masquoit Mastricht, bordoit les bords du Rhin pour cou-
per le passage aux secours de l'Allemagne,
et, sans être arrêtée par une seule muraille
de Givet à Nimègue, elle exploitoit à loisir
toute la Hollande, jusqu'aux grandes inonda-
tions. C'est la campagne de Louis XIV...

Tous ces pays n'étoient donc pas défendus. Ils manquoient d'une force intrinsèque, suffisante pour leur défense, et d'une
communication assurée avec les secours ex-
térieurs.

A cet égard, le délabrement étoit porté à
son comble dans ces derniers tems.

Les Pays-Bas n'ont pu ou n'ont pas voulu
pendant toute la guerre, parvenir à completter les cinq régimens d'infanterie, et l'unique
régiment de cavalerie qui formoient leur établissement militaire.

La Hollande n'avoit presque plus que des

troupes achetées par-tout , sans esprit et sans intérêt national , sans même une bonne organisation militaire. Dans ce pays marchand , un emploi militaire étoit un emploi comme un autre , soumis aux mêmes lois d'arithmétique.

. Tous ces défauts disparoissent dans le plan actuel. Le nouvel état possède un fonds de population capable de fournir à l'entretien d'une belle armée ; sa richesse lui permet d'en payer le supplément aux étrangers.

Sa position est admirable.

La mer couvre sa droite. Il n'a qu'un front très-étroit du côté de la France , il sera couvert par les forteresses que l'on rétablira , et dans les cas extrêmes , par les innondations de la West-Flandre.

Si l'armée française , débouchant par la haute Meuse , s'engage dans l'entre-Meuse et Rhin , elle prête le flanc à Mastricht , à Venlo , à Grave et à la ligne des places de la Meuse , qui , de latérale qu'elle étoit , devient la défense de front de ce pays. Les secours d'Allemagne arrivent sans danger , par les provinces de l'Issel. L'armée d'Hollande est comme celle de France , toujours portée sur la frontière et sur le terrein qu'elle doit défendre. . .

Enfin, cette réunion ôte les entraves du commerce qui existent entre les deux pays, et leur permet de le porter à son entier développement. Avec la communauté d'intérêts finissent toutes les querelles de l'Escaut, du port d'Ostende, et mille autres vétilles, pour lesquelles les deux pays ont été vingt fois à la veille de se déchirer. Les peuples réunis parlent le même langage, ou il n'y a que de légères nuances. C'est toujours un lien entre les gouvernés, et une facilité pour les gouvernans.

Enfin, cet arrangement fait de la Hollande une puissance indépendante quant à sa marine et à ses colonies.

Depuis ce siècle, la marine hollandaise à toujours été subordonnée à celle de la France, et encore plus à celle de l'Angleterre. Forcée par sa position de passer sous le canon de tous les ports anglais, elle est entièrement dominée par cette puissance. Sa jonction avec les flottes de France, sans lesquelles elle ne peut rien, est presque toujours impossible. Cet état précaire naît de l'infériorité de ses moyens de puissance.

Renforcez-les , il cessera , il se changera en état d'égalité et d'indépendance.

La création de cette nouvelle marine établira sur mer une véritable balance , elle naît toujours de trois combinaisons : or , il n'y en a encore que deux , formées par les marines réunies de France et d'Espagne d'une part , et par celle de l'Angleterre de l'autre. La troisième résultera d'une puissance navale en Hollande , qui aura l'intérêt et les moyens de balancer les deux premières.

Mais l'effet principal de cet arrangement pour la Hollande est de lui assurer la pleine et entière jouissance de ses colonies , si intéressantes pour l'Europe comme pour elle-même. . . .

Dans l'état actuel , la Hollande ne jouit que précairement de ses colonies,

1°. De la part des Anglais et des Français, en vertu de leur supériorité par terre et par mer. La guerre menace - t - elle , a-t-elle éclaté entre ces puissances ? Les ports hollandais sont bloqués ; et les colonies presque toujours sans garnisons suffisantes , ou bien composées , deviennent la proie du premier qui se présente. La raison en est simple.

La Hollande manque de troupes en Eu=
rope : comment en auroit-elle en Asie et
en Afrique ? voyez aussi avec qu'elle facilité
ses colonies ont été enlevées dans cette
guerre ! comme la France a dû les défendre
dans celle d'Amérique. Le cap de Bonne-
Espérance, cet établissement qui appartient
au corps de l'Europe plus encore qu'à la Hollande, doit pour la liberté du commerce des
Indes, être au pouvoir d'une puissance du
second ordre, telle que la Hollande, qui
soit assez forte pour la défendre, mais non
pas pour en barrer le passage aux autres
nations, ce qui arriveroit, s'il reste à l'Angleterre. Avec une marine telle que la sienne,
cette puissance peut y former un établissement inexpugnable pour elle et pour les autres peuples possessionnés ou commerçans
dans l'Inde, avec laquelle on ne pourroit
plus communiquer sans sa permission...

La nouvelle Hollande ne présente pas les
mêmes dangers au reste de l'Europe : car elle
n'a pas les mêmes forces en Europe, ni les
mêmes possessions en Asie. Si elle formoit
ce projet insensé, les moyens de l'en punir
l'enveloppent et la pressent de toute part. Si
par sa disproportion avec les puissances de
l'Europe, la Hollande ne jouit que précai-

rement de ses colonies, cette jouissance peut devenir encore plus précaire à l'égard des habitans, soit européens, soit indigènes.

Car la révolution, en rendant les premiers inquiets et moins attachés à la mère patrie, force celle-ci à les surveiller et à ne plus les abandonner comme par le passé à leur attachement pour elle, en un mot à ne plus les laisser aller sur parole. Il faut les garder presque autant que les naturels du pays. De leur côté, les indigènes participant chaque jour à la civilisation et aux arts de l'Europe, atteints, comme les habitans, des idées nouvelles, demandent des précautions beaucoup plus grandes que par le passé. Elles augmentent d'autant les dépenses qu'exige la garde de ces établissemens lointains. Or il est évident que l'ancienne Hollande est infiniment trop foible pour parer à tous ces besoins. Elle peut à peine garder ou contenir ses colonies dans leur état ancien. Que fera-t-elle dans celui qui s'établit ?

Au contraire dans le plan proposé, la Hollande acquiert des moyens maritimes et militaires, correspondans aux nouvelles charges de ces établissemens.

Passons à l'Italie. Le nouveau plan lui donne, 1o. Une barrière contre la France et

contre l'Allemagne. Le nouvel état du Piémont , placé entre ces deux pays , a un égal
intérêt à protéger l'Italie contre eux , et à
leur en fermer l'entrée. Il en a les moyens ,
car du côté de la France , il est couvert par
ses montagnes ; il n'a qu'un petit nombre
de passages à garder. Sa population s'élevant
à près de cinq millions d'ames , il peut avoir
une armée de cent trente mille hommes , toujours distribuée sur les deux frontières. Le
grand Frédéric a tenu sur pied pendant ses
deux grandes guerres , une armée de deux
cents mille hommes , avec une population
de trois millions d'ames. Dans ce moment
la Prusse entretient une armée de deux cents
quarante mille hommes , avec son ancienne
population de six millions d'hommes , car la
Pologne n'y fournit encore rien. Le voisinage
de la Toscane n'est pas assez inquiétant
pour en distraire la moindre partie...

· Du côté de l'Autriche , l'Italie est défendue par le Pô et par les cinq lignes de ri-
vières qui descendent des Alpes dans ce
fleuve. Toutes ces barrières naturelles ne
sont rien aujourd'hui entre les mains des petits
princes , sans établissement militaire et sans
aucun moyen de gouvernement. Cette partie
de la sûreté de l'Italie est tout aussi mal

tenue que tout ce qui existe dans ce beau
pays, absolument ouvert et dépourvu de toute
apparence de police intérieure et extérieure.
Mais que dans cette masse inerte, par une
subdivision qui l'énerve, on infuse une ame,
qui n'est autre chose qu'un grand gouvernement, et vous verrez quel changement s'y
opérera, comme la foiblesse se changera en
force, comme les liens se resserreront entre
les parties de ce corps renouvellé. Vous le
verrez trouver des ressources là où l'on n'ap-
percevoit que stérilité et que foiblesse. L'empereur possédoit le Milanez comme une
grande ferme, qu'il ne considéroit que sous
le rapport du produit net. Il étoit couvert
par le Piémont contre la France. Quelques
puissances d'Italie lui tenoient par des liens
de famille, d'autres par des alliances. Le
reste, comme le pape, Gênes et Venise ne
lui donnoit aucun ombrage. La réunion du
Milanez avec l'état de Modène, celle de la
Toscane et du duché de Massa, attribuoit
par le fait une grande partie de l'Italie à
l'Autriche; elle n'avoit donc aucun intérêt à
fortifier ce pays, qui paroissoit à l'abri de
toute attaque. Aussi, dans quel état les Français l'ont-ils trouvé lors de leur invasion. Ce
dénuement cessera avec l'établissement d'un

grand gouvernement, qui, ayant des voisins puissans à craindre , a aussi un intérêt pressant à se prémunir contre eux.

2°. Le nouvel état assure l'indépendance de l'Italie. Ce pays, morcelé comme il l'est aujourd'hui , ne peut se défendre lui-même ; Naples, qui est la seule grande puissance de cette contrée , est aussi celle qui pourroit le plus contribuer à sa défense. Mais son extrême éloignement des frontières occidentales de l'Italie l'empêchera toujours de le faire promptement , suffisamment , et l'habitude d'engourdissement où vit ce gouvernement, paralyse les facultés dont le ciel s'est plu à le combler.

La réunion des princes d'Italie seroit sûrement leur meilleure défense et leur vraie garde. Peuplée de douze millions d'hommes , ses côtes occidentales presque toujours inabordables , n'ayant à défendre que les passages des Alpes , tant du côté du Piémont que de celui de l'Allemagne ; l'Italie seroit après l'Angleterre, le pays de l'Europe d'un plus difficile accès, s'il étoit uni : mais comment attendre cette union entre des princes dont la jouissance et la méfiance forment le fonds habituel de la politique , et qui tendent toujours à rabaisser leur conduite au niveau de leur petitesse naturelle.

Aussi, dans toutes les guerres contre la France et l'Allemagne, appellent-ils d'abord les Allemands ou les Français. Les uns doivent les défendre contre les autres; au risque d'être écrasés par tous les deux, ils commencent par leur fournir le champ de bataille, et finissent par leur servir de proie.

Un pape, grand homme d'état, Jules second, vouloit chasser de l'Italie tout ce qu'il appelloit les barbares Allemands et Français. Il n'entendoit pas qu'un pareil pays ne pût pas se suffire à lui-même, et certes il avoit bien raison. Eh bien, c'est ce système vraiment patriotique et lumineux qu'il s'agit de reprendre, et qui revit dans notre plan.

L'ancien étoit défectueux, principalement du côté de l'Autriche; car aux inconvéniens attachés à toute protection mendiée chez l'étranger, il y en a encore de propres à celle de l'Autriche. En effet, quelle que soit sa puissance en territoire et en population, cependant le nombre de ses voisins ne lui permet pas de se dégarnir assez pour porter de très - grandes forces sur un point quelconque; aussi l'Italie a-t-elle toujours été aussi mal défendue par elle, que tous les pays dont elle a pris la défense. Dans les trois premières années de la guerre, elle n'y a tenu qu'un fantôme d'armée, et pendant la grande invasion de Buonaparte, elle n'a jamais pu ou su y envoyer plus de cinquante mille hommes à-la-fois.

Dans la guerre de la succession, l'Autriche employa des années à expulser les Français : il en fut de même dans celle de 1740.... A la vérité, la France avoit plus de moyens que l'Autriche, pour dominer en Italie ; mais aussi l'entrée des Français devenoit le signal du désordre ; elle payoit cher l'expulsion des Allemands : dans tous les cas, le vainqueur restoit le maître du pays et en devenoit le tyran. Il faut une bonne fois mettre fin à ce désordre.

Que chacun se garde chez soi et y reste le maître ; que toutes ces protections étrangères fassent place à la seule que la nature indique et avoue, celle des habitans du pays ; que l'Italie soit défendue par les Italiens, comme la France l'est par les Français, l'Allemagne par les Allemands ; elle en a les moyens autant que ces états, et pour sortir de cette humiliante tutelle, qu'elle distribue ses forces sur un plan propre à l'élever d'un état de dépendance et de subordination, à la dignité de l'indépendance et de l'affranchissement...

Sûrement s'il eût été exécuté plutôt, le bouleversement de l'Italie n'auroit pas été si facile. Par exemple, qu'au lieu d'une population de trois millions d'ames, avec un revenu très-borné, tel que le roi de Sardaigne l'avoit avant la guerre, on suppose ce prince fort d'une population égale à celle de la Prusse à la fin du règne de Frédéric, jouissant d'un revenu de près de cent millions, avec un territoire très-fertile et abondant en ressources, croit-on qu'il eût fait cette mauvaise guerre et la plus mauvaise paix qui l'a couronnée. Le roi de Sardaigne a fait la guerre avec un mince subside anglais, avec un détachement de l'armée autrichienne : il craignoit ceux-ci presque autant que les Français. Subordonné aux plans et aux vues de l'Autriche qui l'inquiétoit, il ne pouvoit être qu'un mauvais allié : aussi, dès qu'il l'a pu, a-t-il rejetté cette alliance comme un fardeau. Trop foible pour lutter seul contre la France, il devoit être écrasé dès que les Autrichiens refuseroient de l'appuyer, comme il est arrivé. L'armée autrichienne, une fois séparée de celle de Sardaigne, celle-ci ne put se soutenir, et le roi s'estima trop heureux d'acheter la paix à tout prix. Rien de tout cela ne fût arrivé si le roi de Sardaigne avoit eu une masse de puissance assez compacte pour se défendre seul contre la France , et pour se passer du secours toujours précaire et toujours inquiétant de l'Autriche.

Dans ce plan , le commerce de l'Italie acquiert , comme celui de la Hollande , un développement entier , retenu jusqu'ici par les mille barrières qui couvroient les limites de cette multitude d'états. La Sardaigne , sans devenir une puissance maritime , peut cependant avoir à Gênes une marine assez bien montée , qui , réunie à celle de Naples , couvrira les côtes de l'Italie.

Le but de ce plan étant de réunir autant que possible , ce qui a été divisé jusqu'ici, et de le porter au plus haut degré de force dont il est susceptible , il étoit naturel de réunir aux territoires principaux certaines enclaves qui y sont contenues. Cette espèce de propriété est une source intarissable de discordes et n'ajoute rien à la puissance réelle. Ainsi , Naples et Rome sont continuellement sur le *qui vive* pour le duché de Bénévent , qu'ajoute à la puissance de Naples , Orbitello et Piombino. Toutes ces pierres d'achoppement doivent être écartées de la route tracée dans notre plan. Leur éloignement ramène la paix entre ces états discordans, et la paix vaut mieux que quelques arpens de terre ou quelques carrés de jardin.

L'empereur acquiert Mantou~ et la ligne du Mincio : cela est raisonnable et juste. Il faut qu'il ait à-la-fois une garantie suffisante pour le nouvel état de Piémont et pour sa nouvelle acquisition de Venise. Comme dans tout ceci il ne s'agit ni d'agrandissement, ni de dépouilles, mais d'intérêt général, il faut adopter tous les arrangemens qui y sont compatibles. Or, le nouveau plan renferme éminemment toutes ces qualités ; car Mantoue et la ligne du Mincio forment une frontière très-forte contre le Piémont, sur-tout lorsqu'elle est soutenue par la seconde ligne de l'Adige. Celle-ci, avec les places de Palma-Nova, Osopo et autres, encadre très-bien le territoire vénitien et y affermit la domination impériale.

Il en est de même de Corfou et des autres îles occupées par les Français. Elles sont la clef de la mer adriatique, nécessaires pour en assurer la navigation, et par conséquent, appartenant de droit au maître de Venise et de son golfe, dont la possession incontestable complette pour l'empereur la superbe acquisition de Venise,

7 *

La translation du duc de Parme au royaume de Sardaigne flatte la cour d'Espagne, comme l'agrandissement de la maison d'Orange flatte celle de Prusse. La position de l'Infant de Parme auprès du Milanez et de la Toscane, étoit embarrassante et précaire. En le transférant en Sardaigne, on l'éloigne de tout danger et on le rapproche des secours de l'Espagne, qui ne pouvoient lui parvenir en Italie....

Les deux îles de Sardaigne et de Corse, qui n'ont jamais été bonnes à personne, surtout la dernière, peuvent devenir très-florissantes sous un gouvernement présent sur les lieux ; à portée de les connoître et de les soigner, alors pourra se réaliser, pour la Corse, la prophétie de Rousseau, qui lui promettoit de si brillantes destinées. Ces deux îles réunies seront l'Angleterre et l'Irlande de la Méditerranée. Leur prospérité, au lieu de blesser leurs voisins, tournera au contraire à leur profit. Car elles auront plus à leur demander en raison de leur accroissement de richesse et de population....

Les peuples industrieux n'ont besoin que de peuples heureux dans leur voisinage et ne doivent faire que des vœux pour leur prospérité. Ils doivent être bien sûrs de la partager bientôt. L'Angleterre qui s'enrichit de tout le monde, n'enrichit-elle pas les autres à son tour.

Enfin, et cette considération égale au moins en importance, toutes celles qui l'ont précédée, la transformation de plusieurs petits états d'Italie en un seul régulièrement organisé, sera une époque de régénération pour ce pays; non pas à la manière des Français, par l'introduction de leur anarchie religieuse, sociale et politique, mais au contraire par la création d'un esprit public, tel qu'il existe dans les grands états et qu'il n'existe que là : esprit qui, en s'étendant à toutes les parties de l'organisation sociale, leur donne de l'élévation, de l'éclat et de la force, et qui attache l'homme à son pays en proportion de sa splendeur et de sa puissance, avec lesquelles il aime à s'identifier, et dont la présence flatte deux intérêts bien chers au cœur humain, celui de l'amour-propre et de la sûreté.

Cet esprit public ne peut se rencontrer que dans de grands états. Dans les très-petits, il s'évapore par la ténuité des objets. Ce n'est que dans les grands qu'il trouve un aliment et des moyens d'action proportionnés à la force de son ressort. On n'aime à paroître, à se dire citoyen que des états qui occupent une place sur la scène du monde, ou dans la mémoire des hommes. Même dans les sub-divisions de nation, on fait abstraction de la partie, pour ne s'avouer membre que du tout ; aussi tel homme qui se glorifie d'être Allemand, ose à peine avouer qu'il est citoyen de Fulde ou de Kempten. Qui, en Italie, s'est jamais vanté d'appartenir à l'état de Gênes ou de Milan ? c'est qu'il n'y a aucune gloire à appartenir à des états sans force et sans éclat, et l'homme cherche toujours à se placer dans le point qui rayonne.

L'Italie étoit particulièrement affectée de ce vice radical, l'absence de tout principe de patriotisme. Ce pays morcelé ne peut avoir ni armée, ni marine, ni colonies, ni aucun des grands objets de politique et de commerce, qui appartiennent à d'autres contrées. A quoi ses talens auroient-ils été employés? vers quel but se seroient-ils rapportés? La subdivision de tant d'états, les étouffe au berceau. Aussi, étoit-ce du côté des arts agréables que les Italiens ont tourné l'emploi de leurs facultés, et qu'ils y cherchent un dédommagement pour l'inutilité dont ils sont pour tout le reste.

Mais qu'un grand état s'élève sur l'empla-

cement de ces extraits de souverainetés ; que
situé de manière à avoir besoin de cultiver
toutes les ressources, pour rivaliser avec des
voisins puissans et industrieux, il soit obligé
de s'occuper sans cesse de ce soin , comme
il arrive entre des états rivaux; et vous verrez
l'esprit public naître et s'accroître avec les
moyens de puissances. Vous le verrez s'exercer sur toutes les parties de l'administration ,
les vivifier et créer une nouvelle ame dans
dans un nouveau corps.

Il seroit trop injuste de refuser aux Italiens
les facultés qui constituent cet attribut des
grands états. Elles existent chez eux, autant
et peut-être plus que par-tout ailleurs. L'Italie sera toujours la patrie des arts et des
talens , la mère des génies et des héros :
magna virûm heroumque. L'esprit est bon à
tout , et il y en a beaucoup en Italie. La
longue éclipse qu'elle a soufferte ne provient
pas de la stérilité du sol , mais de la défec-
tuosité invétérée de ses gouvernemens. Peut-
on disputer à l'Italie la faculté de produire
des généraux , lorsqu'elle a vu naître Monté-
cuculli , Buonaparte et une partie des chefs
de l'armée française. Si elle a créé ses propres conquérans , elle pourra aussi enfanter
ses défenseurs. Combien d'officiers italiens

ensevelissent , dans les derniers rangs de l'armée autrichienne , le secret de leur talens : combien sont éloignés du commandement par leur seule qualité d'étrangers ! rendez-les à leur patrie : qu'ils y trouvent , honneur et avancement en raison de leurs talens, donnez-leur des matériaux pour les exercer, et l'Italie élevée à la dignité des grands états , participera aux talens que l'indépendance et l'occupation y font éclore. Le nouvel état de Piémont , qui sera la Prusse de l'Italie , y fera pour l'avancement de l'esprit public , la même révolution que la Prusse a faite dans le nord de l'Allemagne , en réunissant , en civilisant , en faisant paroître avec honneur sur la scène du monde , des peuplades séparées et presque inconnues. La Prusse a enrichi l'Allemagne et l'Europe d'un peuple nouveau, et cette création est due à sa formation en corps de puissance d'un ordre supéri. . Qu'étoient en effet , avant son apparition , des Brandebourgeois , des Poméraniens , des Prussiens à demi - barbares , s'ignorant entre eux , ignorés du reste du monde , et sans aucun motif d'avancer leur civilisation ? Ils seroient encore au même point sans leur réunion. Fondus en un seul corps , ils se sont communiqués leur force

et leurs moyens respectifs ; ils ont été obli-
gés, pour leur sûreté, d'imiter leurs voisins,
et montés sur un plus grand théâtre, d'élever leurs actions à la hauteur de leur nouveau rôle. Il en sera de même en Italie. Des
matériaux semblables et peut-être meilleurs
encore s'y trouvent ; il ne s'agit que de les
réunir et de les ordonner.

Mais pour exécuter ce plan, pour introduire ce grand changement, combien n'en
coûteroit-il pas d'efforts en tout genre ? Après
tout ce que l'Europe a déjà tenté contre la
France aux jours de son intégrité et de son
opulence, où prendra-t-elle, dans son état
actuel de détresse, les moyens d'attaquer ce
colosse, et de lui enlever sa proie ? Si la
France poursuit avec tant d'acharnement
la nouvelle acquisition de la rive gauche du
Rhin, se laissera - t - elle arracher les anciennes, défendues d'ailleurs par ses principes
constitutionnels. Ils les lient à la France,
de manière à ne pouvoir en être séparées
qu'avec la vie même de la république, qui
est sa constitution. ...

Quelle lutte n'entraîneroit pas une pareille entreprise ! et ce beau projet ne rejette-
t-il pas l'Europe dans la guerre : la guerre
dont elle a tant souffert, la guerre qu'elle

veut écarter à tout prix, la guerre enfin qui acheveroit de la perdre.

Voilà, dans toute son étendue, l'objection qui attend tout plan viril à l'égard de la France. Elle est trop simple pour n'être pas prévue, et nous sommes loin de nous être flattés d'y échapper. Examinons-là donc en détail, et commençons par montrer que la guerre ne résulte pas de ce plan, mais de l'état de guerre habituelle où l'on est, *au moment où on se dit*, ou on se croit en paix.

CHAPITRE VI.

De la paix et de la guerre.

Qu'est-ce que la guerre ? qu'est-ce que la paix ?

La guerre est l'application de la force d'un état, l'emploi de ses moyens offensifs et défensifs, à se préserver d'un dommage, ou à poursuivre la réparation d'un tort, voilà l'origine du droit de guerre. La conservation en est le but, la force en est le moyen. Toute société ayant droit et devoir de veiller à sa conservation, elle le fait en prévenant, en repoussant, en vengeant les injures qui y sont faites. Voilà la justice de la guerre, qui de sa nature ne peut être que défensive. L'offensive, proprement dite, est un attentat : elle doit être réprimée, elle donne justement lieu à la guerre naturelle, qui est la défensive. L'offensive ordinaire n'est qu'un mode de celle-ci...

Les états, ne pouvant comme les individus, être traduits devant un tribunal et forcés d'exécuter ses arrêts, ils ont recours à un autre juge, qui est la force : et quoique Pallas soit encore plus aveugle que Thémis, quoique la force ne puisse être la mesure du juste et de l'injuste , c'est pourtant bien à elle qu'il faut en appeller en dernier ressort ; car il n'y a pas d'autre juge , et les contestations des états , comme celle des particuliers doivent avoir un terme...

Le ciel se réserve sans doute la punition du coupable : la force punit le foible ou le mal-adroit.

La paix est l'abolition des torts qui ont amené la guerre , et des actes hostiles qu'elle a fait commettre.

On se donne amnistie pour le passé , on se promet amitié pour l'avenir , il y a oubli des inimitiés et retour de bienveillance. La paix est un état de sécurité et sur-tout de réciprocité. Celle-ci consiste , en ce que la paix étant commune aux deux parties , en tout ce qui concerne leur sûreté , aucune ne peut se permettre d'acte qui la trouble. C'est-là l'essence d'une paix *paisible*. Elle est également rompue par des attaques ouvertes ou secrètes.

Comme il ne s'agit point de faire un traité de droit public , passons à l'application de ces principes et disons...

Existe-t-il en Europe un état qui en trouble

le repos, qui renverse tous ses rapports religieux, politiques, commerciaux : qui après
en avoir envahi une partie ; tende manifestement à envahir le reste, qui s'augmente
d'une manière incompatible avec la sûreté
de ses voisins ? Un tel état est-il de son côté
en état de guerre ? Les autres ont-ils du
leur, le droit et le devoir de le citer à ce
tribunal, qu'on appelle la guerre ?

Y a-t-il paix avec un état qui ne pose les
armes matérielles et visibles, que pour en
prendre de morales et de cachées, qui fait
de la sécurité et des autres attributs de la
paix, des moyens de conspiration permanente, qui change, qui abroge à son gré les
conditions de la paix.

Qui sème des germes de guerre dans les
paroles même de la paix et qui veut gagner
par l'état de paix plus que par la campagne
la plus active. Est-ce là la paix ? Il y a donc
intervention dans la question : au lieu d'une
question de droit, il n'y en a qu'une de fait.
Car si on éprouve sous le nom de la paix,
tous les dommages de la guerre, on est en
guerre, quoiqu'on en dise, et non pas en
paix. Toutes les escobarderies, toutes les
subtilités finissent là ; elles doivent se décider
par l'histoire du tems et non par les livres

de droit. Ici les gazettes sont des guides plus sûrs que Grotius et Puffendorf.

Or, qui osera nier que la France ne soit en état d'hostilité et de conjuration permanentes envers l'Europe entière, et par conséquent en guerre avec elle sous ce double rapport. Elle l'étoit en essence depuis le commencement de la révolution ; elle l'est par le fait et patemment depuis l'invasion d'Avignon, époque de la première application de ses principes, qui, depuis, n'ont pas un seul instant cessé d'opérer suivant leur nature turbulente. Il y a donc guerre actuelle et habituelle, et ceux qui s'élèvent contre sa proclamation, sont ou veulent rendre dupes de leur propre sottise, tant qu'ils ne détruiront pas ces faits et qu'ils ne prouveront l'existence d'une paix réelle, par l'absence d'une guerre habituelle. On est donc en guerre ; et demander qu'on la déclare, n'est pas demander qu'on la fasse, mais avertir qu'on la fait. Ainsi, le médecin en déclarant la maladie, ne la fait pas, mais il l'indique.

Le droit de faire la guerre est donc démontré : il est acquis, et malheureusement il n'y en a que trop de raisons.... mais la convenance est-elle jointe au droit ? Voilà la question véritable, que l'on cache derrière la précédente, comme il arrive trop souvent dans des discussions, ou ce que l'on dit n'est fait que pour donner le change sur ce qu'on ne veut pas dire. En combien de situations de la vie les aveux même ne couvrent-ils pas des réticences ? or, voilà précisément où nous en sommes dans la question présente. On ne veut pas voir que l'on est en guerre, pour n'avoir pas à la déclarer ; on croit ou l'on feint de croire à la paix, pour avoir un prétexte d'y rester, espèce de position fausse qui donne les inconvéniens des deux états. Ainsi, dans les derniers tems, le pape et la Suisse se disoient en paix, tandis qu'on travailloit à les détruire. Ainsi le nord de l'Allemagne se flatte d'être en paix, tandis qu'on le force d'avoir une armée sur pied, qu'on pille ses vaisseaux et qu'on écrase de contributions les villes Anséatiques.

N'est-il pas dérisoire de prostituer le nom sacré de la paix à cette succession d'hostilités... Mais allons plus loin et disons....

Si à la place d'un empire ancien, qui occupoit en Europe un rang élevé, turbulent quelquefois, mais régulateur à son tour, fort de beaucoup d'avantages, mais entravé dans leur développement, coexistant à ses voisins par la civilisation, centre plus qu'arbitre de

l'équilibre général avec des avantages et des
incommodités éprouvés, si dis-je, il s'élevoit,
un état, qui se plaçât théoriquement dans
le berceau du monde, et qui renonçât à
dessein à tous les principes de la civilisation,
qui l'entoure, qui franchît ses anciennes limites pour n'en plus reconnoître qu'à sa convenance, qui établit au centre de l'Europe,
un colosse de puissance disproportionné avec
tout le reste, quel parti prendrez - vous?
souffrirez-vous patiemment qu'il se fortifie
de tous les moyens de défense et d'attaque?,
qu'il détruise tous ses voisins, tous les corps
avancés pour lui donner la liberté d'arriver
plus sûrement à vous? ou bien après s'être
assuré de sa nature malfaisante, de l'atro-
cité de ses projets, de l'inutilité des repré-
sentations, du vîde des espérances pour un
changement; chercherez - vous dans une
guerre conduite avec courage et discerne-
ment, le redressement des anciens torts et
un abri contre les nouveaux? N'est-ce pas
là une des occasions dans lesquelles on n'est
pas maître du choix; il est commandé par la
nature des choses: il faut agir ou périr. Quand
les Romains envahirent le monde, quand
les grandes irruptions des peuples du nord et
des Sarazins menacèrent tous les peuples, y

eut-il à délibérer, à temporiser, à pactiser ?
l'aggression ne discutant, ne temporisant, ne
pactisant point, la défense ne doit-elle pas
suivre le même cours, d'après la règle éternelle de proportionner les moyens de défense
à ceux d'attaque. Qu'arriva-t-il à ces peuples
indolens, à ces gouvernemens qui ne surent
jamais prendre un parti ; ils périrent après
des siècles de souffrances, qu'un de vigueur
leur auroit épargnées. Veut-on renouveller
l'histoire de leur martyre et de leur mort et
la prendre pour son compte ? Or voilà précisément où en est l'Europe. La révolution française lui rend, après des siècles de repos,
toutes les horreurs et tous les dangers des
anciennes invasions ; mais avec un degré de
rapidité et d'étendue que celles-ci n'eurent
jamais et ne pouvoient avoir. C'est à elle de
voir le parti qu'elle veut prendre ; choisir
entre Bélisaire expulsant les barbares, ou
Rufin s'alliant avec eux. Entre l'intégrité de
son empire ou son invasion successive, à
l'exemple de l'empire grec qui vit froidement
les Arabes et les Turcs arriver de conquêtes
en conquêtes sous les murs de la capitale,
et finir par devenir la déplorable proie de
ces barbares qu'on n'avoit su vaincre ni contenir, et qui, de cessions en cessions, fini-

rent par tout engloutir. Ici, comme on voit, la question change encore une fois de face ; on abandonne les faits, il n'est plus question de l'état de guerre ; mais de sa convenance sous les rapports de l'opportunité et des moyens. Hélas ! nous le savons depuis long-tems ; et si nous avons descendu si méthodiquement tous les degrés de cette question, ce n'est pas par imprévoyance de cette conclusion forcée, mais par respect pour cette redoutable question de la guerre ; dont on ne doit s'approcher qu'en tremblant.

Sûrement la révolution et ses dangers sont un grand sujet de méditations et d'embarras pour les cabinets ; sûrement ils souffrent horriblement de ces désordres, de la perte de leur ancienne gloire, de leur ancien repos ; ils souffrent d'un *qui vive* éternel avec un infatigable ennemi ; tous voient ou entrevoient leur destinée future. Si quelques-uns font la guerre ouvertement, tous la font sourdement : s'il y a guerre défensive de la part de la France, il y a aussi guerre défensive de la leur : tout cela n'est pas un mystère, et la France n'est pas plus dupe qu'eux et que le public. Leur immobilité tient donc à des obstacles et à des motifs

secrets ; ils se craignent eux-mêmes , ils
espèrent de leurs ennemis, Voilà le vrai...
eh bien ! ce sont ces craintes et ces espérances que nous allons examiner et détruire
en prouvant qu'il faut espérer où l'on craint,
et craindre où l'on espère. Démonstration
qui résultera de la comparaison des forces
des puissances de la France, en hommes et
en argent, de leur emploi respectif, et du
système de guerre qu'il faudroit embrasser.
Nous discuterons ensuite le système défensif,
auquel les puissances semblent se borner
dans ce moment....

Quant à la question présente , celle de la
réalisation par la guerre du plan proposé, elle
ne présente que deux points de vue.

Le premier : si le plan est bon en lui-
même , indispensable pour la sûreté de
l'Europe.

Le second : si on peut le réaliser autrement
que par la guerre.

Dans le premier cas , l'Europe, comme
corps politique a le droit et le devoir de l'é-
tablir : ils suivent du droit qu'elle a de se
conserver, Il en fait partie.

Dans le second , elle a droit de le faire
par la guerre, jusqu'à ce qu'on indique un
autre moyen pour l'obtenir, et à son défaut

de faire la guerre, jusqu'à ce qu'ell l'ait obtenu. Le droit une fois constaté, donne la
faculté d'en user; i' ne s'agit plus alors que de
considérer le pouvoir.

Mais, crie-t-on, de toutes parts, il faudroit donc renverser la constitution et la république une et indivisible; il faudra rétablir
la monarchie : hommes inquiets, calmez-
vous; prenez garde sur-tout que votre in-
discrète objection ne tourne contre vous,
et que vous ne vous soyez trompés de toute
la différence qu'il y a du remède au mal....
Les lois constitutionnelles de la France,
faites par elle, ne sont faites aussi que pour
elle. C'est un règlement intérieur qui n'existe
pas pour l'étranger, qui ne l'a ni fait, ni
accepté. Si ces lois sont incompatibles avec
sa sûreté; alors c'est contre lui qu'elles sont
faites, et loin d'être un motif pour les ac-
cepter, c'en est un très-pressant pour les détruire. Par quelle fatalité se fait-il que dans
des arrangemens de convenances réciproques, on ne consulte que celles d'un parti
et qu'on néglige totalement celles des autres?
S'il a plu à la France de faire pour elle des lois
qui n'existent nulle part, et de s'en servir,
au détriment d'autrui, qu'elle change ses
lois ou qu'elle en souffre les conséquences.

Si les autres en établissoient de leur côté,
d'incompatibles avec les institutions de la
France , que diroit-elle , que feroit-elle ?
N'en demanderoit-elle pas la réforme , n'en
poursuivroit-elle pas le redressement par la
force des armes ? Les étrangers ont le même
droit , et comme , en dernière analyse , c'est
par la force que se décident de pareilles questions , l'état de guerre résulte de ces lois ,
ce qui , comme dans toutes les questions relatives à la révolution , ramène à l'incompatibilité de cette révolution avec le reste
du monde et à l'alternative cruelle de périr
de part ou d'autre.... Qu'on soit d'ailleurs bien
tranquille sur le sort de ces lois constitutionnelles. Elles ne sont encore gravées ni sur
l'airain ni dans le cœur des Français ; la constitution française , comme les tables de la loi,
a déjà été brisée au pied de la montagne.
Il y en a plus d'un exemple , voilà déjà la
quatrième constitution depuis six ans. Si les
Français sont le peuple de l'univers qui distribue le plus libéralement cette espèce de
production de leur cru , c'est aussi celui qui
y tient le moins. Après tous les échecs que
la constitution actuellement règnante a déjà
reçus , ne doutons pas que les pères de la
patrie ne trouvassent , au besoin , des inter-

prétations conciliatrices. Quant au rétablissement de la royauté, nous déclarons que
le sentiment naturel qui nous y attache,
fortifié par la raison et par l'expérience,
nous a rendu palpable cette grande vérité :
que du rétablissement de la royauté en France
dépendoient la paix du monde, la stabilité des
empires, la sûreté des individus et le maintien de toutes les propriétés : que jusques-là
il n'y aura que troubles et confusion. Il nous
est démontré que tous les trônes sont contenus dans celui de France, qu'il les affermit tous par sa présence, qu'il les détruit
tous par son absence, et que l'Europe a
encore plus besoin de Louis XVIII, que
Louis XVIII de l'Europe. Mais quelque fondamentale que soit cette vérité, avec quelque ardeur que notre cœur en appelle la réalisation, nous déclarons aussi hautement
que loin de faire entrer le rétablissement de
royauté dans ce plan, comme partie intégrante, il est au contraire dirigé en totalité
contre la république. Car s'il est utile et bon
sous la monarchie, il est indispensable sous
la république, qui n'a ni les mêmes régula-
teurs ni les mêmes freins, et qui par conséquent a besoin d'être contenue par de plus
fortes barrières. La preuve en est là. Dix

siècles de monarchie n'avoient pas porté la
France au point où la république est arrivée
et prétend se maintenir au bout de huit ans.
Nous ne pouvons, en terminant cet article,
nous refuser à deux réflexions ; la première,
c'est que, tandis que la France met à toutes
ses volontés l'alternative de la soumission
ou de la guerre, on n'entende de l'autre
côté que des soupirs pour la paix ; la seconde, qu'en confrontant les différentes
époques du siècle, on le voit s'écouler en
guerres continuelles pour les sujets les plus
frivoles, et dans ce moment il recule d'horreur à l'idée de la seule guerre dont la nécessité ait été bien démontrée. Celle de la
succession d'Espagne, très - juste en elle-
même et dans les idées du tems sur l'équilibre de l'Europe, pouvoit être évitée. La
haine contre Louis XIV y contribua plus
que l'amour de la tranquillité générale.
Tout ce que l'on dit de pathétique sur la nécessité de la paix, au milieu d'une crise aussi
extraordinaire, rappelle les larmes que Phi-
lippicus, général de l'empereur Maurice,
versoit au moment d'un combat qu'il perdit
et qu'il devoit perdre avec ses pleurs. Il s'at-
tendrissoit sur les suites funestes qu'il auroit
pour la vie d'un grand nombre de soldats.

Quand Xerxès pleuroit sur la destruction de tant de milliers d'hommes qui composoient son armée, il devoit pleurer encore plus sur sa propre folie, qui les y condamnoit dans une expédition sans objet et sans raison. Rien n'est plus précieux sans doute que le sang des hommes : qui pourroit en voir de sang-froid verser une goutte ? mais comme dit Burke, il est des cas dans lesquels l'homme sert de rançon à l'homme, l'individu à la société ; alors son sang est légitimement et saintement versé. Hors de là tout est folie et crime. C'est ainsi qu'en juge Montesquieu, lorsqu'en parlant des larmes de ce lamentable général, il ajoute qu'elles étoient différentes des larmes de ces Arabes qui pleurèrent de rage en apprenant que leur général venoit de conclure une trève avec les chrétiens !

CHAPITRE VII.

De l'état politique et moral des puissances.

LA force des états est de plusieurs espèces ; elle se compose d'un prand nombre
d'élémens. C'est le territoire , la population, la richesse qui en fait le fond : c'est
la bonne disposition des parties qui en fait
la forme , et qui en donne la jouissance et
la libre disposition.

L'étendue du territoire , la facilité de le
défendre , le nombre des voisins augmente
ou diminue la force disponible d'un état.

Ainsi, la Russie, avec son climat de glace,
ses mille lieues d'étendue et sa popnlation
mêlangée , a réellement moins de forces disponibles qu'un état infiniment plus petit,
avec une population homogène, un territoire resserré et un climat qui permet d'agir
plus long-tems.

La complication des affaires , [les sujets
de crainte ou de jalousie , augmentent ou
diminuent la disponibilité des forces. La
Russie a moins d'accidens dans sa politique,
par le rétablissement de la paix avec le Turc,
avec les Persans, par l'occupation de la Po-

logne , qu'elle n'en éprouvoit avant la conclusion de ces affaires , qui occupoient une partie de ses forces et qui les empêchoit de les porter ailleurs.

Ce n'est pas tout : la différence des tems est encore un grand calcul à faire. Ce qui se peut dans un tems , ne se peut pas dans un autre , avec la même quotité de forces. De même l'impossibilité qui existoit à une époque , cesse dans une autre. Ce qu'on peut exiger ici , ne peut être demandé là ; les mécontentemens , les nouveautés , les factions entravent le développement des forces , dont il faut tenir une partie en réserve , pour ces cas menaçans. Un prince ne peut exiger à son avénement au trône , les mêmes sacrifices que lorsqu'il y est affermi : après une guerre pénible , comme après des années d'une paix prospère , dans le repos , comme dans l'agitation des esprits.

Il faut tenir compte de tout cela et sur-tout n'avoir rien à démêler avec l'opinion ; cette reine mobile du monde , la seule qui règne sans conseil et à laquelle il faut toujours en demander.

D'après ces principes , la position relative des puissances nous paroît meilleure qu'à l'époque de la coalition. Plus cette proposition a l'air d'un paradoxe , moins elle peut se passer de preuves ; la voici....

, Quelles sont les puissances appellées à agir dans l'exécution de notre plan ? Ce sont les grands états, tels que la Russie, la Prusse, l'Autriche et l'Angleterre. Les puissances secondaires reçoivent d'elles l'impulsion dans ce cas, comme dans tous les autres.

Or , on ne peut contester à ces puissances 1°, un accroissement matériel de forces.

La Russie s'est accrue du tiers de la Pologne ; elle a assuré sa frontière sur la mer Noire. Elle a sagement renoncé à toute extension sur la Perse : la Prusse a fait la superbe acquisition de Danzig et de toute la partie de la Pologne qui l'avoisinoit, ou qui séparoit ses anciens états. Elle a acquis par-là une base de population , de territoire et d'ensemble qui la fait passer au rang des puissances du premier ordre.

L'Autriche a gagné les quatre grands palatinats de Pologne et tout l'état vénitien , valeurs bien supérieures à celles du Brabant et du Milanez.

L'Angleterre n'a rien perdu : elle occupe le cap de Bonne - Espérance, quelques établissemens hollandais dans l'Inde et les colonies d'Amérique, et de presque tout le monde. En dépit de la guerre, elle fait le commerce de l'univers. Les puissances secondaires n'ont rien perdu. La Suède, le Dannemark, sont intacts ; les grands états d'Allemagne, Saxe, Hanovre, Hesse, Baviére le sont aussi. La rive gauche ne comptoit aucune principauté importante. D'un côté les choses sont améliorées, de l'autre elles sont entières.

2_o. Les embarras de ces puissances sont diminués.

La Russie n'a plus à faire aux Persans et aux Turs. Les inquiétudes du côté de la Pologne et les embarras des arrangemens avec ses co-patageans, sont terminés; elle vit amicalement avec la Suède : elle n'a de querelles avec personne : ses forces sont plus disponibles qu'avant la guerre.

La Prusse est dans la même position ; car elle n'a plus sur ses derrières cette turbulente Pologne qui n'a cessé de la tracasser pendant toute la guerre, et qui a fini par lui en faire une très-dangereuse en 1794. Cette puissance vit bien avec la Russie, décemment avec l'Autriche. Ancune affaire ne fait, comme auparavant, distraction à ses forces, qui sont ainsi augmentées par leur disponibilité.

Quant à l'Autriche, cet état s'est fortifié

en se simplifiant et en se concèntrant. Elle n'a plus d'inquétude sur les troubles de la Pologne , sur l'agrandissemént de la Russie , sur les empiétemens de la Prusse; tout cela est fini, et l'Autriche, comme les autres puissances , n'a plus réellement qu'une affaire qui est celle de France.

En perdant les Pays - Bas , l'Autriche a réellement gagné en tranquillité , en diminution d'ennemis , uniformité de sujets. L'éloignement, les épines de cette possession lointaine avoient rébuté l'Autriche, et peut-être faut-il attribuer une partie de la mauvaise guerre, au dégoût qu'elle lui avoit inspiré...

Mais, dira-t-on, on a perdu des pays entiers ; et des puissances amies sont aujourd'hui neutres ou ennemies.

On a perdu, il est vrai des élémens de puissance, mais non pas des puissances ; des puissances passives et non pas actives, des embarras et non des forces. Ces mauvaises machines ne valent pas l'honneur d'être comptées.

Ainsi le prince de Liège , le duc des Deux-Ponts, la Hollande, la Sardaigne, tout cela étoit ce des alliés ou des charges, des chiffres ou des quantités mortes. Si elles ont aidé de quelque manière, n'a-t-il pas fallu les aider plus souvent et plus efficacement, et la nécessité de ce secours n'a-t-elle pas souvent détourné de l'objet principal ?...

Mais les Français exploitent et ces contrées et ces alliés, et se fortifient d'autant... Oui, si on leur donne le tems de les tailler à leur mesure, ils augmenteront beaucoup la puissance française ; mais dans l'état actuel, ils lui feroient, en cas d'attaque, plus embarras qu'appui. Il est évident que si l'on donne aux Français le tems de couvrir la rive gauche de forteresses comme elle l'est déjà en Alsace, que cette prolongation de ligne défensive les rendra inattaquables ; mais qu'on les y attaque, au paravant, et l'on verra quelle différence il y a entre cette frontière encore précaire et l'ancienne frontière de France. La même réponse s'applique à la possession du Brabant et de la Hollande. Si on laisse les Français s'y établir, ces pays continueront d'être des mines d'or pour eux ; mais qu'on les attaque dans ce moment, et ce même pays soulevé contre eux sera leur plus cruel ennemi.

Il en est de même de l'aillance de l'Espagne et de la neutralité de la Sardaigne ; c'est la peur qui les enchaîne. Rompez le charme de la puissance de la France, et vous verrez quel est le lien qui les unit.

Il seroit trop injuste de prêter d'autres motifs à ces puissances, ne sont-elles pas assez malheureuses dans leur état actuel ?

L'Espagne a fait une pitoyable guerre et une paix plus déplorable. Son alliance avec la France est un monstre en politique comme en morale ; elle a été dupe de misérables calculs sur la possibilité d'obtenir un trône que d'habiles factieux lui faisoient entrevoir ; elle a espéré, comme tant d'autres, diriger la révolution en s'y associant, et pouvoir faire remonter le torrent en s'embarquant dessus. Sûrement telles ont été les vues de l'Espagne.

Mais aujourd'hui que ce trône, comme tant d'illusions s'est évanoui, aujourd'hui qu'elle se trouve entre une guerre sans terme et un peuple affamé, entre un allié dévorant et la nécessité de se prêter à toutes ses fantaisies, forcée de contribuer à renverser des trônes et à créer des républiques, croit-on de bonne foi que l'Espagne soit un allié bien chaud et bien volontaire ? Aussi de quel secours a - t - elle déjà été à la France ? il est facile de juger que si elle prend part à l'expédition d'Angleterre, ce sera elle qui la fera mauquer ; si les puissances attaquoient la France avec assez de forces pour rassurer l'Espagne contre la crainte de ses vengeauces , peut-être lui feroit-elle éprouver tout le poids d'un mécontentement long-tems concentré et d'un dépit qui suit toujours les espérances fustrées....

L'augmentation de la puissance matérielle n'est pas la seule acquisition , que les puissances aient faites. Elles ont encore gagné, sous plusieurs rapports personnels , tels que la connoissance de la révolution et l'étouffement de sujets de contrariétés extérieures et intérieures.

En effet , la révolution qui , dans son origine pouvoit présenter plusieurs rapports et plusieurs aspects sur sa nature , sur son étendue et sur sa durée , s'est tellement simplifiée par l'expérience qu'elle n'est plus susceptible d'être considérée que sous un seul point de vuè, celui des dangers et de la nécessité de s'en préserver. On peut citer en preuves le dernier ouvrage de mylord Aukland sur la paix, comparé avec celui du même auteur , publié dans la dernière semaine d'octobre 1795 et le changement de langage des deux oppositions d'Angleterre

et d'Irlande : combien de conversions en ce
genre ont été faites à Rastadt ?

Dans les tems dont nous parlons, on pouvoit calculer sur mille chances, dont aucune
n'a plus l'ombre de possibilité : toute illusion,
toute fausse lueur est dissipée.

Cet avantage en lui - même est immense ;
il équivaut, pour les puissances qui ont sur-
vécu à la révolution, à toutes les pertes
qu'elles y ont faites.

Bien connoître son ennemi, ses forces, est
la base de tout bon plan de conduite. Avec
de pareilles données et de la droiture d'esprit
et de cœur, toute erreur devient impossible ;
on peut mettre en action le tems, qu'autrement on mettroit en enquêtes ; et n'est-ce
pas un avantage incalculable que d'avoir
devant soi une route tellement tracée ? Qu'on
saisisse du même coup-d'œil le point de départ
et d'arrivée ; le principe et la conséquence,
le but et les moyens.

Les puissances fortes de nouvelles lumières
sur la révolution, sont encore fortifiées par l'a-
mortissement de certaines animosités qui les
dominoient au commencement de la guerre,
et qui, sans être dissipées autant qu'il seroit
désirable, sont cependant affoiblies au point
de n'être pas comme auparavant, inconci-

liables avec l'intérêt général. Ainsi il existoit, entre l'Autriche et la Prusse, une antipathie qui excluoit toute espèce de coopération sincère. Il lui falloit un aliment qu'elle a trouvé dans cette guerre. Les deux nations s'y sont mesurées encore plus qu'avec leurs ennemis : elles jouissoient de leurs désastres réciproques, plus que de ses défaites ; en un mot, elles s'y sont faites une guerre sourde, mais plus active qu'à leurs ennemis même. La raison en est simple.

Aucun événement nouveau n'étant venu les distraire de leurs anciennes haines, elles se trouvoient avec les mêmes griefs qui les avoient armées tant de fois. Elles étoient, à proprement parler, plus en présence qu'en alliance : c'étoient les mêmes hommes qui, dans la guerre, dans le cabinet, s'étoient combattus tant de fois : ils poursuivoient sur la Moselle et sur le Rhin, la vengeance des torts qu'ils s'étoient faits sur la Vistule et sur l'Oder.

Attendre une réunion sincère entre de pareils élémens de discorde, n'étoit-ce pas mentir au cœur humain ; aussi le succès de cette coalition antipathique a-t-il pleinement justifié l'horoscope qu'on en avoit tiré.

Aujourd'hui, peut - être qu'on en tire-
roit un tout contraire avec la même assurance : car il est indubitable, que si tout
n'est pas fait à cet égard, qu'au moins il y a,
par la force des choses, une amélioration
très - compatible avec la possibilité d'une
réunion. . . . .

Les mêmes dissentions existoient encore
entre l'Autriche et la Sardaigne, Venise, les
Pays-Bas et la France.

La Sardaigne et Venise craignoient les
Autrichiens presqu'autant que les Français,
et leurs alliés à l'égal de leurs ennemis. Venise ne fait plus embarras ni ombrage. Elle
est passée du passif à l'actif.

La Sardaigne n'a plus rien à craindre
de l'empereur, ou certainement bien moins
que des Français. Aussi n'est - il pas dou-
teux que dans le cas d'une grande guerre
contre la France, la Sardaigne ne devînt
un allié très - fidèle pour les Autrichiens,
sur-tout dans le plan proposé, qui la place
entre un parti qui lui offre grandeur et sûreté, et celui qui la tient continuellement
sur les bords de l'abyme. Il en seroit de
même de toutes les puissances de l'Italie. . . . . . Des intérêts plus pressans que
leurs anciennes jalousies, les retiendroient

dans une alliance où elles croiroient trouver une protection contre la révolution qui les presse de toute part...

L'Autriche étoit encore dans une plus mauvaise posture à l'égard de la France et du Brabant. Quant à celui-ci, flottante entre deux partis, elle ne savoit trop à quoi s'en tenir. Le garder, étoit bien incommode : l'abandonner étoit au-dessus des idées du tems : l'Autriche y tenoit de plus, comme à un équivalent possible pour des objets de convenance : c'étoit un *en cas*.

Actuellement toute incertitude est terminée : les équivalens sont saisis : ils tiennent en repos l'Autriche et ses voisins.

Par le Brabant, l'Autriche étoit toujours sur le *qui vive*, avec la Hollande et l'Angleterre, l'une comme voisine, l'autre comme principale puissance maritime. Elles ont eu mille querelles pour Ostende et pour l'Escaut. Les voilà terminées par l'éloignement de l'Autriche.

Celle-ci n'aura vraisemblablement plus envie d'empiéter sur la France, comme elle l'a tenté si malencontreusement dans cette guerre. Tous ses malheurs datent de là. En cas de renouvellement de guerre, la même erreur ne présidera plus à ses conseils et

dans le plan proposé, elles en sont entièrement bannies...

Il y a donc amélioration de toutes manières dans l'état des puissances : reste à examiner si leurs sujets y participent par leurs
dispositions à l'égard de la révolution.

CHAPITRE VIII.

Des dispositions des peuples et des armées à l'égard de la révolution.

La révolution avoit ébranlé, il faut en convenir, les facultés morales des hommes, autant que les bases des gouvernemens. Tout ce qui peut séduire la multitude, troubler les esprits, embrâser les cœurs, toutes ces dangereuses amorces se trouvoient réunies dans la révolution. C'est le plus vaste plan de séduction qui ait été conçu, et le plus large filet qui ait jamais été jeté sur l'espèce humaine. Il n'y a pour s'en convaincre, qu'à se rappeller de quelle distance elle avoit été amenée, de combien de vapeurs elle s'étoit grossie, quels mobiles avoient été mis en jeu, quels agens en activité, vers quél noble but elle sembloit dirigée. C'étoit tout simplement la réhabilitation de l'espèce humaine et l'organisation du monde sur un plan régulier.

L'étendue de cette idée n'étoit pas le moindre de ses dangers : car elle flattoit à-la-fois l'amour-propre et le courage bien ou mal entendu : elle préparoit de loin dés excuses à la mal-adresse des ouvriers , en leur ménageant de commodes ajournemens dans l'avenir.

Aussi le délire fut-il général , et s'il a été moins éclatant au-dehors qu'au-dedans de la France , c'est que son essor fut comprimé par l'action des gouvernemens ; elle réduisit les novateurs à des vœux secrets et à une attention toujours tendue vers le grand spectacle qu'offroit la France. Pour peu qu'on ait donné quelque attention aux affaires du tems , on aura remarqué que ce *bruit sourd* de l'Europe , dont parloit M. Necker , devint en un moment une explosion générale , et que chaque pays eût imité la France , si chaque souverain eût imité Louis XVI.

Mais semblable aux maladies qui affligent quelquefois l'humanité , l'épidémie révolutionnaire a subi des variations , elle s'est ralentie à diverses époques , elle tend visiblement à un relâchement total , de manière cependant à offrir le singulier spectacle de son plus grand développement au moment de sa plus grande foiblesse , car l'Europe est moins révolutionnaire au moment où elle est le plus révolutionnée.

Le contraste provient du changement des époques. Dans la première , c'étoit la révolution qui agissoit, qui poussoit : dans la seconde, c'est elle que l'on pousse. Alors elle étoit véhicule, maintenant elle en a besoin : les gouvernemens lui en servent aujourd'hui, alors ils la combattoient. Les gens de lettres, trompettes d'opinion en tout pays, professeurs nés de toute nouveauté, déserteurs des arts libéraux pour la politique, une partie des classes les plus élevées de la société, le commerce et la banque, en un mot les classes les plus actives et les plus influentes de la société, s'enrôlent sous les premiers drapeaux de la révolution.

La bourgeoisie fut appellée au partage des honneurs de la noblesse, le peuple à celui de ses biens, tous à l'affranchissement de quelque fardeau, en un mot, le commencement de la révolution fut *une vraie Cocagne*, à laquelle on ne mit pas d'autre prix, que celui de la servir. Comme rien n'étoit moins cher, elle le fut et long-tems et très-bien, tant qu'il ne fallut que jouir et partager des dépouilles.

La désertion commença avec leur fin ; elle n'a pas discontinué.

La masse du peuple, inhabile par son nombre à participer à des largesses de longue durée, s'est détachée la première de la révolution. Une continuité de mouvement est impossible de sa part. Ainsi les fleuves rentrent dans leur lit, après un débordement passager. D'acteur qu'il avoit été dans la révolution, le peuple est redevenu, comme à l'ordinaire, non pas même spectateur, mais instrument et machine. Il entre comme matière première dans tous les actes de la révolution; mais en sa qualité de matière, il ne contribue en rien au destin et à la forme. Il la reçoit et la garde. Or, le peuple est le même en tout pays. Celui de France, après quelques saturnales, s'est désisté d'une participation active à une révolution qui lui avoit trop promis et qui ensuite lui coûtoit trop.

Celui d'Allemagne et des autres pays n'a pas bougé; il reste sans murmures sous les mêmes charges, qu'il a vu abolir avec tant de solemnité en France. Si en quelques pays on demande des réformes dans le gouvernement, est-ce le peuple ou quelques factieux, soutenus par les Français, organes trompeurs d'un peuple qui ne les connoît pas et qui ne les a chargés de rien?

Voyez ce qui s'est passé en Suisse, à Rome, à Coblentz. Comme les innovations qui font triompher quelques factieux, ont

été froidement accueillies par le peuple ; celui-ci, occupé du soin de sa subsistance, avec
le nombre d'idées bornées qui y suffisent,
se tient à ses habitudes, et ne connoit son
gouvernement que par les actes, et jamais
par le principe, qui est hors de sa portée.
Aussi le peuple en masse ne se plaint-il jamais du mode de gouvernement, mais de
ses effets : sa colère se décharge sur les
magasins du prince, plus que sur sa chan-
cellerie, et en tout pays, un jour d'émeute,
la constitution est moins exposée que le gre-
nier à sel ou le bureau de douane.

La bourgeoisie a manifesté, dans la révolution, des dispositions moins paisibles que
celles du peuple, et moins généreuses que
celles de la noblesse ; les petites passions sont
dans sa sphère. Mais après avoir bien sa-
vouré toutes les nouveautés françaises, elle
est retombée dans l'orbite ordinaire de ses
affaires, et s'est désénivrée par la peur. Cette
classe étant presque mercantille et posses-
sionnée en mobilier, craint la révolution à
cause de ses pillages, de sa fausse monnoie,
et de ses extorsions. Ce n'est pas qu'il n'y ait
dans toutes les villes une certaine quantité
bourgeoisie, pour lesquels la révolution est
encore l'alchymie et qui seroient peut-être

disposés à lui faire encore l'offrande d'une
partie de leur fortune ; il y a des hommes
incorrigibles par - tout , mais c'est le petit
nombre , et sûrement la bourgeoisie est
moins inquiète , et moins révolutionnaire
qu'elle le fut dans le commencement de la
révolution.

Le négociant est dans le même cas ; il a
été trop et trop souvent trompé. Le papier-
monnoie , le *maximum* et les banqueroutes
républicaines ont tempéré son ardeur , et
tout en continuant d'admirer quelques principes de la révolution, il en redoute les conséquences , ce qui revient pour les gouvernemens au même point , que s'il ne les ad-
miroit pas ; car par-là , crédit est mort pour
la révolution , et cette mort-là en annulle le
danger. Parmi tous ces amans jaloux de la
révolution , combien lui trouveroit - on de
fournisseurs à crédit !...

Quant aux hautes classes de la société ,
elles sont entièrement guéries. Trop d'exemples , trop d'intérêts leur parlent à-la-fois ,
et s'il est malheureusement trop vrai qu'elles
manquent par-tout de qualités viriles , il est
au moins certain que la presque totalité est
parfaitement saine , et dégagée de toute
erreur.

Si quelques membres de ces classes rele-
vées ont pu manquer au devoir de leur nais-
sance et aux liens du sang; s'ils ont pu mentir
aux principes de leur éducation et se renier
eux-mêmes, en s'enfonçant dans le bourbier
de la démocratie, le nombre en est infiniment, petit et l'honneur universel préservé
de la contagion.

Les Justiniani à Rome, les Serbelloni et
Visconti à Milan, ne forment pas plus la noblesse italienne que les Abéma ne forment
le commerce d'Amsterdam, comme les aca-
démies d'Italie ne sont pas plus le peuple que
l'institut de France n'est le peuple français.

Il n'y a pas jusqu'aux gens-de-lettres qui
n'aient aussi changés de langage; une partie
a été glacée d'horreur par les crimes de révolution; beaucoup ont vu outre-passer leur
but; d'autres pleurent sur la religion qu'ils
ne vouloient que réformer; en un mot, s'il
reste beaucoup de gens-de-lettres au service
de la révolution, le nombre n'en est plus
comparable avec ce qu'il fut d'abord; car
alors c'étoit la république des lettres toute
entière. On citeroit des conversions éclat-
tantes dans ce genre, et on mettroit avec
raison à côté de celle de la Harpe, le renvoi

que lit Klopstok à la convention de ses lettres
de citoyen français.

Parmi les publicistes et journalistes allemands, gens très-influens dans cette nation,
plusieurs ont changé leurs apologies en cen-
sures et substitué des provocations guerrières
à des baisers de fraternité.

Cette amélioration générale du moral des
peuples, au profit des gouvernemens, est
soutenue par de puissans auxiliaires.

Le premier est la haine hautement déclarée des peuples contre les Français.

Le deuxième, l'habitude des moyens révolutionnaires, inconnus auparavant.....
Quant au premier, les faits sont tellement
accumulés qu'ils dispensent de tout raison-
nement. Il suffit de parcourir l'histoire du
tems pour se convaincre que nulle part les
peuples n'ont appellé la révolution ; que les
mouvemens ont été l'ouvrage de factieux
agens ou complices de la France ; que les
peuples se sont mille fois insurgés contre les
Français ; qu'ils se sont montrés prêts à se
lever contre eux, et que loin d'avoir eu besoin
d'excitation de la part de leurs gouvernemens, ils ont au contraire été toujours retenus
par eux ; que l'invasion des pays révolutionnés est due à la molesse ou à la mal-adresse

Jusqu'au 14 juillet, Necker resta maître de la marche de la révolution, époque à laquelle la Fayette la lui enleva. Depuis ce tems, le roi, loin de la diriger ou de la contrarier, n'a fait que la promouvoir. Il n'y a pas d'exemple d'une obéissance aussi passive....

Le 5 octobre, il pouvoit châtier Paris, chasser l'assemblée en prenant sur le fait le duc d'Orléans et son parti. Il se jetta dans leurs bras : la France témoigna plus d'horreur que lui contre cet attentat : 'est - ce la nation ou Necker qui lui demanda le [serment du 4 février ? Quels touchans hommages ne reçut-il pas de la nation lors de la première fédération ? est-ce elle qui l'arrêta à Varennes ? qui l'entoura d'un ministère jacobin, et qui lui fit déclarer la guerre ? est-ce elle qui profana son front du signe hideux de la démagogie ? Quelle honte et quelle douleur se manifestèrent par-tout à la nouvelle de cette infamie ? Qui fit le 10 août, le 21 janvier ? Dans tout cela, je n'apperçois point la nation, mais un roi poursuivi par un mauvais génie, qui le rend l'instrument de toutes les factions, depuis celle qui lui fait descendre le premier degré de son trône, jusqu'à celle qui le fait monter sur l'échafaud. Je vois, je suis la marche des factions, mais je n'apperçois nulle part l'œuvre de la nation. Si je la retrouve, c'est dans la guerre de la Vendée, des chouans, de Lyon, dans cette opposition continuelle à laquelle les cinq premières assemblées ont été sans cesse occupées de parer : voilà où je retrouve la nation, ainsi que dans ses assemblées où elle n'usa de sa liberté que pour envoyer des députés ennemis de la révolution.

La nation n'a pas fait la république; elle l'a soufferte : il n'y avoit en France que cinq républicains, disoit Péthion en 1792, tout le reste étoit royaliste; on peut croire un pareil témoignage. Le règne de Robespierre fut une époque d'ilotisme pour cette nation, qui a fait depuis l'effort de le laisser changer en une servitude moins sanguinaire, qui est son état actuel, à l'époque où nous écrivons. . . .

Le Brabant et la Hollande n'ont pas été plus révolutionnaires, et le sont encore moins aujourd'hui. Nombre d'habitans, composés des anciens ennemis de Joseph et du *stathouder*, ont, dans les deux pays, appellé et secondé les Français. Mais le peuple en masse n'y a pas coopéré : là,

comme par-tout , la peur a donné , à l'entrée des Français , l'air d'une fête triom-
phale. Le lendemain a vu naître les exac-
tions, et avec elles, le refroidissement, la
douleur et la haine,

Croit-on, par exemple, que les Hollandais
soient bien charmés du morcellement de
leur territoire, de la perte de leurs colonies,
de la solitude de leurs ports et de l'émigra-
tion de leur or. Cinq ans de révolution n'ont
pas encore arraché un acte de violence aux
Hollandais , et cette modération , au milieu
d'un atmosphère de crimes , est le plus beau
trait de leur histoire....

De leur côté , les Pays-Bas tendoient les
bras aux Autrichiens , quand ils ont deux
fois reparu sur le Rhin. La consternation a
suivi la publication du traité de Campo-
Formio , et la majorité de cette nation ne
peut renoncer à l'idée de redevenir autrichienne.

Les bords du Rhin ont offert, à l'apparition des Cisrhénans, le tableau de l'opposition la plus ardente aux innovations,
et de l'attachement le plus vif à leurs
princes particuliers, et à l'Empire en général.

Qu'il est touchant le renouvellement du

serment de fidélité des peuples de l'électorat
de Cologne !

La levée en masse de la Franconie contre
le général Jourdan , l'armement de ces peuples l'année dernière , celui de la Souabe
montagneuse suffisent pour apprécier les dispositions des peuples d'Allemagne ; elles sont
telles que les gouvernemens pourroient les
avoir dictées ; les petits mouvemens du Brisgaw ne prouvent rien contre ; car ils sont évi-
évidemment l'ouvrage des Français. Ils ont
été réprimés en un instant et par une poignée
d'hommes.... Les peuples d'Autriche et de
Hongrie sont sûrement hors de tout soupçon,
en 1797, à l'approche des Français, tout s'arme ; tout marche à l'ennemi ; en 1793 , l'apparition du drapeau tricolor soulève la capitale , et le souverain en personne est obligé
de s'interposer entre l'ambassadeur Français et son peuple.

Venise a payé de la destruction de son
gouvernement une insurrection formelle
contre les Français. Il y a eu mille soulè-
vemens contre eux dans la Cisalpine. A chaque apparence de retour de la part des Autrichiens , c'étoit à qui les menaceroit. Plusieurs villes attestent sur leurs murs incen-
diés , les efforts qu'elles firent pour s'en dé-

livrer. Les Français, à peine entrés à Rome
y éprouvent une insurrection terrible. Que
signifient toutes ces proclamations, toutes
ces mesures de sûreté, qui changent l'Italie
en un vaste champ-clos ? Vit-on donc avec
tant de frayeur au milieu de peuples satis-
faits ? Tant de crainte sied mal à l'amour
mutuel. Les fiefs impériaux ont fait une guerre
opiniâtre aux Français : un petit nombre de
Barbets n'ont cessé de les tuer en détail;
enfin les Piémontais ont dû en pleine paix,
être contenus par le roi de Sardaigne. En
Espagne, l'horreur des Français étoit au comble; lisez ce qu'en dit l'ambassadeur Bourgoing, témoin irrécusable s'il en fut jamais.
La haine s'éleva jusqu'à la générosité, et
changée en pluie d'or, elle atteignit à la
somme de 73 millions de contributions volontaires, don vraiment patriotique, largesse
inconnue dans l'histoire. L'Angleterre, bien
autrement riche que l'Espagne, n'a pu arriver encore qu'à 41 millions. C'étoit la nation espagnole qui faisoit la guerre à la France
et c'est son gouvernement qui la fait à l'Angleterre, différence essentielle à remarquer!
Nous dirons la même chose de l'Angleterre
et même de l'Irlande, quoiqu'il y ait dans
ce dernier pays une grande masse de mé-

contentement et un parti très-actif, ce qu'il faut encore distinguer.

La majorité, le fond de la nation anglaise est sain et intact, il est dévoué au gouvernement. Burke l'a bien démontré par ses calculs ; ceux qu'il fait sur la partie gâtée, ont été améliorés par divers incidens, la réunion de l'opposition à la cause commune et des avantages importans dans le cours de la campagne les affoibliroient au point de les rendre presque nuls. Si la descente échoue, comme tout le présage, le peuple anglais au lieu de donner de l'inquiétude, doit au contraire être regardé comme une des fortes barrières contre la révolution.

L'Irlande est moins consolante et son sort dépend de celui de la descente. Si elle réussit complettement, la masse des mécontens est assez grande pour opérer la scission avec l'Angleterre, ce qui est le vrai but de la descente. Mais si elle échoue, il en sera de ce pays comme de la Vendée et de tout pays insurgé, qui comprimé et séparé des chefs qui fuient ou qu'on pend, rentrent peu-à-peu dans le devoir.

Nous ne finirons pas ce tableau sans faire remarquer que la Suisse n'a pris qu'une part d'opposition à la révolution : que loin d'ap-

peler les Français, elle ne les y a laissés
entrer que sur dix mille cadavres de ses
plus braves défenseurs ; qu'elle est conquise
et non révolutionnée ; que son nouveau gouvernement est tout d'importation française ;
qu'elle réclame dans les seuls cantons qui
étoient restés libres, et qu'enfin la perte de
ce pays appartient toute entière aux gouvernans et non aux gouvernés, qui là, comme
par-tout, plus prévoyans, plus patriotes que
leurs chefs, ne vouloient entendre à aucuns
des lâches ménagemens qui les ont tous perdus. Il résulte de tous ces faits, que par-tout
les peuples en masse sont hors de la ligne de
la révolution : proposition que nous borne-
rons là, pour ne tomber dans aucun extrême,
toujours incompatible avec la vérité. Nous
savons, comme tout le monde, qu'il existe
par-tout des partisans de la révolution : que
des symptômes révolutionnaires se font appercevoir tantôt dans un lieu, tantôt dans un
autre : que les Français ont par-tout des amis,
des correspondans et des espions : ces faits
sont palpables : aussi ce n'est pas ce dont il
s'agit : mais de savoir si le nombre de ces
mécontens est actif contre le gouvernement ;
s'il et dominé par une immense majorité. Si
celle-ci est dans la main du gouvernement,

de manière à seconder son action contre
les factieux du dedans et contre les ennemis
du dehors : si ces mécontens ne sont que
cela , ils ne sont plus qu'un objet de surveillance et ne font point obstacle à la marche des gouvernemens et au développement
de leurs forces , ce qui est la seule chose qu'ils
aient à craindre et dont nous ayons à nous
occuper.

Il y a plus ; la prolongation de la révolution et l'assoupissement qui l'a suivi , a pu
même servir utilement les princes , en leur
donnant les moyens de classer leurs sujets.
La révolution a mis les noms sur les visages ;
le peuple étant rentré dans le calme , les
révolutionnaires ont surnagé : ils bouillon-
nent à la surface d'un vase, dont le fond
est tranquille. Rien n'est plus aisé que de
les y appercevoir et de les y prendre.

Si tant de peuples sont tombés dans l'a-
bîme de la révolution , il faut expliquer leur
chûte par les fautes de leur gouvernement.
L'on peut suivre le fil non interrompu de
cette suite de malheurs depuis le premier
anneau de cette déplorable chaîne , qui est
Louis XVI , jusqu'au dernier qui est l'abbé
de Saint-Gall. Tous ont péri de même....

Le gouvernement des Pays - Bas , réunit

à-la-fois dans le cours de la révolution tous les élémens de sa perte.

La Hollande est entraînée par lui, et comme si les vainqueurs eussent manqué de troupes, le gouvernement au lieu de retirer son armée derrière l'Issel, de faire des trois provinces le foyer d'une grosse guerre, ouvre les portes aux Français. Il les attend dans ses chaises curules, leur livre la clef du trésor, celles des places et l'armée; tandis que le Stathouder leur laissoit sa maison toute tendue. On appelloit cela un gouvernement.

Celui de Venise n'a su ni prévoir, ni combattre, ni détourner l'orage. Il fournit le champ de bataille pendant un an; il attend la victoire pour se décider, au lieu de la fixer en se décidant; il ne fait aucun préparatif de défense qu'après la prise de Mantoue, qui lui en interdisoit tout espoir. Il éclate sans concert avec l'Autriche, de manière à tomber plutôt en conjuré qu'en souverain : au moment du danger, il ne sait qu'abdiquer, digne solution de tant de pauvretés. C'étoit un des gouvernemens les plus renommés de l'Europe.

Même scène à Gênes et à Rome; là, comme dit l'Arioste, on marchoit encore et l'on étoit déjà mort. Les Français n'y ont pas été trom-

[153]

pés. Semblables à ces squelettes d'Herculanum, qui tomboient en poussière au premier contact de l'air, ces misérables gouvernemens n'ont pu soutenir la seule approche des Français.

Ah ! sans doute, il faut pleurer, et pleurer en larmes de sang sur la dévastation de ces belles contrées. Sans doute, il n'est ni deuil, ni larmes qui soient de mesure avec les outrages faits à la religion dans son temple le plus saint, au centre de sa puissance ; car, avec les Français, quelque chose de pis que Mahomet est entré dans Rome. Il faut déplorer le sort de tant de peuples arrachés au gouvernement et à la religion de leurs pères, et voués peut-être à des siècles de déchiremens et d'horreurs. Mais ce sont eux, et eux seuls qui sont à plaindre ; car dans tous leurs malheurs, ils ne sont que victimes ; leurs gouvernemens seuls sont coupables. Seuls, ils ont comblé la mesure de l'imprévoyance et de la lâcheté ; ils ont prodigué à leurs bourreaux les trésors qu'ils avoient refusés à leur propre défense : avec une population de plus de douze millions d'hommes, ils n'ont pas su garder deux ou trois passages des Alpes, ni trouver quatre bataillons pour se défendre sur

le même terrein, où les nouvelles républiques
ont déjà trouvé des armées.

Mais c'est sur-tout en Suisse que ce mauvais esprit du gouvernement s'est manifesté
dans toute son étendue. Sa conduite a été un
prodige.

Sans remonter au 10 août et aux six années
qui l'ont suivi, bornons-nous à l'analyse de
la dernière scène.

Les Français menaçoient les cantons depuis long-tems. Plusieurs points à leur convenance étoient envahis ou convoités ouvertement. L'occupation du Frikthal, d'après
le traité de Campo - Formio , indiquoit un
grand plan de la part des Français ; la réunion de Genève étoit annoncée, ainsi que
d'autres arrangemens. C'étoit le secret de
l'Europe , et la Suisse étoit à l'ordre du jour,
pendant le repos des négociations et de
l'hiver.

Qu'ont fait les cantons? Foiblement défendus par le lien fédératif, toujours foible
de sa nature ; au lieu de le resserrer par les
correctifs connus pour cette espèce de gouvernement, ils imaginent de le détendre encore, en appellant dans leurs assemblées tout
ce qui en avoit été exclus jusqu'alors. Premier piège tendu par les Français , qui sa-

voient très-bien que c'étoit le plus sûr moyen
de les diviser, et qu'ils se donnoient autant
d'amis avec ces intrus ; c'étoit le doublement
du tiers en France ; et ce seroit la réforme
parlementaire en Angleterre. Bâle se sépare
de l'union ; Mengaud accable les cantons de
ses insolences ; la révolution est proclamée ;
le pays de Vaud est armé ; le directoire offre, comme à l'ordinaire, la constitution ou
la mort : à cela qu'oppose-t-on ? Des états
généraux à Arau ; une émeute d'un instant
les dissipe ; chaque canton rentre dans ses
villages, ne songe plus qu'à soi et croit bon-
nement détourner l'orage, en faisant lui-
même la révolution, comme à Venise et à
Gênes. Insensés ! qui ne voyoient pas que
cette première révolution insuffisante pour
les Français, mais trop forte pour eux, rendoit la seconde indispensable. Le contre-
sens de ces pauvres Suisses ne fait que rendre
les Français plus exigeans ; leur insolence
s'accroit, leurs armées s'avancent ; et tandis
que la peur et le trouble glace ou aveugle
les sénats, la rage enflamme le peuple, de
manière qu'au grand scandale de la raison,
on vit les gouvernans lâches, stupides ou
traîtres, et les gouvernés bouillant d'ardeur
et concevant à merveille une question à la-

qúelle leurs chefs n'entendoient rien. Il y a plus, il s'établit entre eux une lutte pour leur faire garder le pouvoir. Les gouvernans le jettent à la tête des peuples qui le leur renvoient, qui les conjurent de le garder, d'en user, de l'employer avec leurs bras à se défendre. Ils n'ont pu l'obtenir. ... tout le monde sait le reste. ... Que fût-il arrivé de pis, si les avis vigoureux de Steiger et des autres suisses, dignes de ce nom, eussent prévalu ? On auroit été audévant de l'ennemi ; on eût dissipé à main - armée les premiers rassemblemens du pays de Vaud, ainsi que la tête des deux armées françaises ; on eût repris les passages du Jura, la guerre se fût engagée d'une manière régulière ; elle auroit pu donner à l'Allemagne le tems de s'éclairer sur la nécessité de préserver la Suisse ; enfin, on auroit mis sous les yeux de l'univers la la pièce la plus essentielle du grand procès qui s'agite, celle qui y manque encore, l'exemple d'une défense bien entendue contre la révolution. Mais le mauvais génie de la Suisse en a disposé autrement ; il a annullé les excellentes dispositions du plus brave peuple et du plus éprouvé qui fût jamais contre les séductions de la révolution.

La preuve que ce sont les gouvernans et

non le peuple qui ont perdu la Suisse, c'est
que dans les petits cantons où le gouvernement est tout entre les mains du peuple ; elle
n'a pu pénétrer qu'à l'aide des armées françaises et du patelinage des anciens cantons,
aujourd'hui révolutionnés.

Au reste, quelque déplorable qu'ait été
le sort du gouvernement d'Erlach et des sénateurs opposans à la révolution, il n'en est
pas moins vrai qu'ils ont voulu et fait leur
destinée. Quoi ! ces hommes enveloppés de
trahisons ou de foiblesses de la part de leurs
collègues, délibérant sous la dictée de leurs
ennemis, ouvertement complices des Français, ces hommes soutenus par tout un peuple,
par une armée exaspérée jusqu'à la rage,
ne savent pas prendre un parti vigoureux et
se débarasser des trembleurs et des traîtres.
M. d'Erlach se résoud à exécuter les ordres
contradictoires et évidemment perfides d'un
sénat tremblant ou corrompu ; il ne sait
qu'avancer et reculer à leur voix ; tandis
que cinq cents de ses braves soldats suffisoient
pour expulser ou pour réduire au silence ce
troupeau de pusillanime ; seul parti à prendre
dans ces momens suprêmes. M. d'Erlach,
sûr de son armée et de tout le peuple, n'a
pas su faire un 18 fructidor à Berne, y con-

rentrer dans de plus dignes mains et marcher ensuite à l'ennemi sans contradicteurs et sans complices. M. d'Erlach n'a pas su prendre des crimes de Paris, ce qui pouvoit s'appliquer légalement au salut de son pays. Ah ! ne cherchons pas ailleurs la cause de sa perte et celle de son pays ; elle est là, et elle y est toute entière. M. d'Erlach devoit périr, car il n'entendoit rien à la révolution ; il n'y entendoit pas plus que son gouvernement, et lorsque l'un et l'autre ont vu les Français semer les 18 fructidor autour d'eux, et qu'ils n'ont pas su en faire un à leur tour, dès-lors ils n'étoient que des victimes dévoués et faits pour rendre les autres tels.... Non, ce n'est pas ainsi qu'on gouverne les hommes....

Si la réunion de tous ces faits prouve invinciblement que les peuples ne sont pas dans les intérêts de la révolution, une suite de faits également certains prouve de même que les armées ne lui sont pas plus dévouées. Car, d'abord, elles sont *peuple* et partagent ses affections et ses habitudes.

Les armées étant le pivot des empires, le tribunal en dernier ressort de toutes les contestations politiques, elles ont dû être, elles ont été en effet le premier et le principal objet des révolutionnaires : c'est-là sur-

tout qu'ils ont développé tout leur art et la
subtilité de leurs manœuvres. En France ;
ils n'eurent que trop de succès, que le roi
aida encore, en ne faisant rien pour retenir
l'armée, ou pour la reprendre : il la leur
abandonna formellement, elle avoit ébranlé
le trône, il lui permit de le déserter, et comme
il faut que les armées appartiennent toujours
à quelqu'un, il leur laissa la liberté de se donner à qui elles voudroient. Par-tout ailleurs
les armées ont été fidelles et n'ont point par-
ticipé à la contagion française.

Il y a deux manières d'évaluer les dispositions des troupes : 1o. L'exactitude du service : 2°. L'état de la désertion.

Or, il est prouvé que nulle part le service
n'a subi de relâchement, que le courant de
la désertion a diminué, au lieu d'augmenter, et qu'elle est moindre proportionnellement chez les étrangers, qu'on suppose
séduits, que chez les Français, leurs sé-
ducteurs.

En 1793, l'armée hollandaise défendoit
avec honneur Mastricht et Williams-Stadt,
lorsque d'indignes commandans rendoient
Bréda et Gertruidemberg. Elle fit pendant
toute cette campagne un service très-pénible
vis-à-vis de Lille, poste le plus exposé de la

frontière. En 1794, elle partagea la première
gloire et les malheurs de ses alliés, et finit
par être livrée aux Français. Si seize cents
officiers hollandais ont quitté le service
batave, des milliers de soldats l'ont aussi
abandonné et peuplent les armées allemandes, sous l'honorable condition de revenir
au Stathouder...

L'armée anglaise a été très-malheureuse,
mais brave et fidelle comme en tout tems.
Elle comprime dans ce moment l'Irlande,
elle couvre les rivages d'Angleterre et fait
l'espérance de sa nation, de son roi. Elle
s'est très-bien montrée contre la flotte qu'elle
a réduite au devoir. Les gardes anglaises,
bien différentes des gardes françaises, quoiqu'entourées sûrement d'autant de séductions, ont plusieurs fois arrêté les émeutes
de Londres. Par-tout la troupe agit contre
les factieux et marche vers le but qu'on lui
montre. Les embarquemens pour les parties
les plus reculées du globe, se font comme
à l'ordinaire. On n'apperçoit de relâchement,
ni dans le lien de l'obéissance, ni dans celui
de la fidélité.

Les séditions de l'armée du Bengale étoient
des querelles intestines, provenantes de la
formation de ces corps. L'insurrection de

la flotte fut le produit des manœuvres des Français. Elle a été calmée, effacée par des victoires, et des événemens de cette nature ne sont guère propres à se renouveller.

L'armée prussienne n'a pas donné un moment d'ombrage, elle n'a pas cessé d'être un modèle de fidélité comme d'habileté, elle étoit par sa composition le point de mire des factieux et l'objet des inquiétudes des esprits timides. Eh bien ! elle a été aussi fidelle aux drapeaux qu'à la victoire. Mais c'est surtout à l'armée autrichienne que l'on doit un éclatant hommage pour sa constance dans la dure carrière qu'elle a parcourue. Toujours repoussée et jamais dégoûtée, toujours inférieure et toujours combattante, cette admirable armée n'a pas cessé d'obéir avec la même ponctualité à des ordres toujours également malheureux.

Gloire vous soit rendue, braves et constans Autrichiens ! Vous avez fait quelque chose de plus que de vaincre vos ennemis, car vous avez vaincu le malheur même. A défaut de lauriers, parez-vous des palmes dues à la fidélité et à la persévérance : six ans de désastres ont moins épuisé qu'épuré vos rangs, et vos superbes légions, désormais mieux dirigées, sont encore l'espoir de l'univers....

: Quant à la désertion, loin d'avoir augmenté, elle étoit diminuée dans les circonstances les plus délicates ; il étoit en effet assez singulier qu'elle fût moindre dans la retraite de Champagne que dans celles de Silésie où de Bohème.

Les Français ont déserté en troupes, à l'étranger et à l'intérieur. Les corps français ont été renouvellés dix fois, par les déserteurs qui ont formé les légions de Choiseul, de Rohan... Des corps entiers, tels que Saxe, Royal-Allemand et la légion de Dumouriez ont passé à l'étranger. Quel membre de la coalition a éprouvé une défection pareille à celle de la flotte de l'amiral Lucas !

La légion polonaise est engagée de force, et composée de prisonniers enrôlés malgré eux.

Les troupes sont donc, comme les peuples, dans la main des souverains, entièrement à leur disposition, et cela par inclination et par goût, et sans aucun des moyens violens employés par les Français.

Quelques exceptions de mécontentement, de trahison, de correspondance avec l'ennemi existent sûrement ; les bureaux sur-tout en sont coupables, mais cela n'est rien en

comparaison de la masse, qui est le seul objet dont le gouvernement doive s'occuper ;
mais le plus grand auxiliaire des gouvernemens, à l'époque actuelle, c'est l'usage
et l'habitude contractée des moyens révolutionnaires.

Le nom, l'idée, le joug en eussent-ils,
y a quelques années, paru insupportables,
aujourd'hui ils sont vulgaires, installés et
dominans par-tout.

La France en a fait un usage désordonné
et cruel... Les puissances pourront en faire
un régulier et paternel. Ils ne sont plus d'aucun danger, car ils sont connus : on est familiarisé avec eux et avec le peuple, il n'y
a que la nouveauté qui effarouche. La douceur habituelle du gouvernement des puissances tempérera ce qu'ils ont de sévère, et
changera des moyens révolutionnaires en
simple extension des moyens ordinaires,
comme on a toujours fait jusqu'ici ; car les
puissances ont toujours été modérées dans
l'usage du droit de la guerre et de ses besoins : les Français seuls ont été durs et im-
pitoyables. Il faut d'ailleurs tenir compte de
la passivité des peuples, et croire qu'ils n'ont
jamais rien à refuser à un gouvernement
ferme et à un besoin démontré. Voyez ce

qui se passe par-tout : ne voilà-t-il pas les Anglais en réquisition, corps et biens; ne se disoient-ils pas le peuple le plus libre de l'Europe, et qu'auroient-ils fait, il y a quelque tems, sur l'annonce d'un pareil joug. Quel fardeau ne pese pas sur ces Français, si libres aujourd'hui, et si mutins contre le roi ! que n'ont-ils pas exigé à leur tour de ces Brabançons, qui se laissent écorcher vifs, après avoir passé tout le siècle à faire enrager leurs débonnaires souverains. C'est qu'avec les peuples il n'y a qu'à vouloir, et que semblables aux individus, ils se soumettent sous la loi de la nécessité, et y restent courbés, tant que le ressort ne se détend pas. . . . .

CHAPITRE IX.

Moyens de guerre en hommes et en argent, du côté des puissances et de la France.

Il y a deux manières d'évaluer les moyens de cette espèce, abstractivement et comparativement.

Dans la première, on ne tient compte que des forces en elles-mêmes ; dans la seconde, on les compare à celle des autres.

Dans le cas présent , il faut évaluer en elles-mêmes et comparativement à la France, les ressources des puissances, et pour cela examiner leur situation sous le double rapport de la population et de la richesse disponibles : enfin, les comparer avec les ressources de même nature que la France peut leur opposer.

La première coalition portoit sur une population d'environ 68 millions d'hommes. Ainsi qu'il suit :

L'Autriche 20,000,000
La Prusse. 6,000,000

Elle n'avoit pas encore acquis la Pologne.

L'Espagne et le Portugal. . 12,000,000
L'Italie. 12,000,000
La Hollande. 3,000,000
L'Empire , séparément de
   l'Autriche et la Prusse. . 7,000,000
L'Angleterre. 8,000,000

Comme elle n'a fait la guerre que par mer, ou avec un petit nombre de troupes, sur le continent, on ne doit tenir compte que de la partie de la population correspondante à cet emploi, qu'on peut porter aux deux tiers de celle des trois royaumes ; elle est de 11 millions, c'est environ 8,000.000 à compter pour la guerre.

Cette masse immense de population, il faut en convenir, ne s'est pas épuisée dans cette guerre. Car elle n'a jamais fourni plus de quatre cent mille hommes à-la-fois, et cela pendant une seule campagne, celle de 1794 , c'est-à-dire , que la coalition n'a employé qu'un homme sur cent quatre-vingts.

La Russie n'a pas encore donné un homme.

La Suède et le Dannemarck ont versé, à la caisse de l'Empire , leurs contingens de co-états d'Holstein et de Poméranie : mais elles n'en ont point eu de militaire , comme états particuliers, elles n'ont pris aucune part à la coalition.

La France comptoit environ vingt-cinq millions d'habitans. Adoptons cette évaluation, pour éviter les contestations et les extrêmes.

Elle s'est vantée d'avoir eu a-la-fois treize armées de terre et une de mer, c'est une prétention ; car une fraction d'armée sur des positions et sous des dénominations différentes ne suffit pas pour constituer une armée ; autrement la même armée pourroit les compter par centaines, autant que des bataillons. Ainsi , tandis que les Français comptoient trois ou quatre armées de la Moselle à Dunkerque, les alliés n'en comptoient qu'une. Ils avoient cependant le même droit d'enfler leurs listes de dénominations diverses.

La vérité est que la France a tenu à-la-fois, sur pied, huit grandes armées, et une de mer, qui comprend la flotte et les colonies. En voici l'état. . .

1º. L'armée de l'intérieur , répartie dans tous les départemens , principalement sur un rayon de trente lieues autour de Paris : armée immense de sa nature, telle que la demande la surveillance d'un si grand pays. . . .

2°. L'armée des côtes de l'Océan et de Cherbourg.

3°. L'armée de la Vendée. . . .

4°. L'armée des Pyrénées-Occidentales.

5°. L'armée des Pyrénées-Orientales.

6°. L'armée d'Italie, dont celle de Savoie étoit la réserve.

7°. L'armée d'Alsace, d'Huningue à Metz.

8°. La grande armée du Nord, sous Pichegru et Jourdan.

Les Français ont évalué ces huit armées à un million d'hommes, et ils ont tiré vanité de cette multitude de bras armés. C'est une prétention de plus, comme mille faits l'attestent.

Par exemple, la plus grande armée, celle de Pichegru et de Jourdan ne s'est jamais élevée à cent cinquante mille hommes. La preuve en est qu'en 1794, époque de la plus grande force de cette armée, les mêmes troupes alloient continuellement de l'Escaut à la Sambre et de la Sambre à l'Escaut, et qu'à la grande bataille de Fleurus, toute l'armée qui y étoit réunie, ne comptoit pas soixante-dix mille combattans. Moreau occupoit la West-Flandre, avec un corps d'environ trente mille hommes.

En 1793, on fut obligé de tirer quinze mille hommes de l'armée d'Alsace, pour la bataille de Maubeuge. Ils arivèrent et repartirent en poste, le lendemain du combat, tant l'armée du Rhin étoit foible.

Le camp de César étoit garni de vingt-trois mille hommes seulement.

Celui de Famars, de dix - sept mille hommes.

Les Français enflent donc évidemment le calcul de leurs forces, soit jactance de leur part, soit envie d'intimider leurs ennemis.

Il est très-probable qu'ils ont eu à-la-fois sept cents mille hommes sous les armes. Ils en ont payé infiniment davantage, comme Ils nous l'ont appris cent fois. Dans le tems, où l'on pouvoit encore parler à la tribune, Dupont - de - Nemours, Barbé - Marbois et mille autres ont attesté qu'il avoit toujours été payé deux cents mille hommes et vingt-cinq mille chevaux au-dessus du complet. Toutes les parties d'administration des armées françaises ont compté une multitude d'employés, inconnue jusqu'à ce jour. C'est peut-être à cette complication qu'il faut rapporter l'exagération des calculs français, que nous ne pouvons admettre en ce point, par la raison bien simple que des commis ne sont pas des soldats,

Tenons-nous donc à l'évaluation de sept cents mille hommes, y compris la flotte : c'est la trente-troisième partie de la population de la France.

Cet effort n'a duré qu'un an, comme celui des alliés. Car les réformes ont commencé avec la paix de la Prusse et ont continué avec celles qui l'ont suivie.

Les efforts de la France ont été bien supérieurs à ceux des alliés, il y a une différence de trente-trois à cent quatre-vingt, ou de un à cinq et demi.

Maintenant les affaires ont changé de face. La France s'est accrue : quelques puissances lui sont alliées et la révolution présente audacieusement à l'Europe un faisceau de quarante-deux millions d'hommes libres, à ce qu'elle dit, soutenus par dix millions d'Espagnols leurs alliés.

Comme la France ne peut être attaquée par une seule puissance, et qu'il s'agit d'une coalition, il faut chercher quelle pourra être la population de cette nouvelle alliance.

L'Autriche. . . . . 20,000,000.
La Prusse. . . . . 6,000,000.

Ci. . . . . 26,000,000.

On n'y compte pas la Pologne, qui est encore inquiétante.

L'Empire. . . . . 6,000,000.
Naples. . . . . 6,000,000.
L'Angleterre. . . . . . 8,000,000.

—————————

TOTAL 46,000,000.

La balance est pour la coalition et s'y fixe définitivement.

1°. Parce que les Espagnols sont à défalquer en entier,

2°. Parce que les Bataves, les Romains, les Lyguriens, loin de servir, en cas d'attaque, devront au contraire être gardés. Voyez ce qui vient d'arriver à Ostende : ce qui arrive journellement en Suisse et en Italie!...

3°. Parce que les Français, qui se sont jusqu'ici bornés à leurs propres troupes, ne prendront pas le moment d'une grande guerre, pour se servir des étrangers.

4°. Parce que ce secours même ne seroit que momentané. Car la délivrance des pays conquis étant le vrai but de notre plan, ils ne seront ennemis qu'au commencement de la guerre ; par exemple, si la Hollande et les Pays-Bas sont arrachés à la France, les cinq millions d'habitans qu'ils comptent, asservis aujourd'hui aux Français, passent dans l'alliance contre elle. Il en sera de même en Italie. Tel est l'avantage de ce plan, qu'à la différence de toutes les entreprises où le fardeau va en croissant, dans celle-ci au contraire il va en diminuant, de manière à faire trouver dans son propre fonds des indemnités pour la séparation de quelque membre de l'union. Ainsi, dans le cas où la Saxe, la Hesse.... se détacheroient, elles y sont remplacées et au-delà, par l'allié reconquis, qui, lui, ne peut jamais se séparer.

Bornons donc à vingt-cinq millions la population permanente dont la France pourra disposer dans la guerre, contre les quarante-six millions de la coalition, c'est-à-dire à-peu-près un contre deux....

Pour rendre ce calcul *intégral*, il faut encore évaluer deux choses.

1o. La perte respective de l'ancienne coalition et celle de la France.

2o. Le nombre des troupes qu'elles peuvent encore s'opposer.

Sur ces vingt-cinq millions d'hommes, la France doit avoir perdu au moins deux millions. Elle a éprouvé plusieurs causes de dépopulation, dont les alliés ont été exempts.

La raison répugne à admettre que dans cinq campagnes, dont trois seulement ont été fort actives, la guerre seule ait moissonné deux millions d'hommes. Aux causes ordinaires de mortalité et de vide dans les armées, les Français en ont ajouté trois, dont deux sont très-meurtrières et la troisième au contraire est propre à conserver les hommes, ce sont : 1o. Leur manière de faire la guerre en enlevant tout de vive force. 2o. Le mauvais régime des armées, sur-tout des hôpitaux, porté à un point dont on n'avoit pas d'idée, 3o. La désertion à l'intérieur, qui affoiblit les armées en conservant les hommes. A la fin de chaque campagne les troupes françaises ont présenté l'image des armées turques, rentrantes en caravanes dans leurs foyers.

La coalition a beaucoup moins perdu que la France.

1o. Ses armées étoient beaucoup moins nombreuses.

2o. Elles ont été mieux ménagées.

3o. Elles ont été recrutées d'un grand nombre de Français, qui composoient presque les avant postes anglais et autrichiens, comme on voit par le nombre des corps Français qui ont fait tous les frais de ce service, le plus dispendieux de tous, en hommes.

	hommes.
L'Autriche doit avoir perdu.	300,000.
La Prusse.	50,000.
L'Empire.	50,000.

L'Espagne et la Hollande ne nous regardent plus.

L'Angleterre a pu perdre cent mille hommes, dont un tiers en matelots : le continent leur a peu coûté : les colonies ont fait leur grande perte. Tout l'armement envoyé sous le général Abercrombie y a péri. . . .

Pour se convaincre de l'exactitude de ce calcul, qu'on songe que la guerre, qui a duré nominalement pendant six ans, n'a réellement produit que quatre campagnes ; elle commença en août 1792, par la prise de Longwy : on ne fit rien en Flandres avant la bataille de Gemmappes ; le reste de la coalition y étoit encore étrangère.

En 1797 l'armistice a prévenu la reprise des hostilités. En 1795, les Prussiens ayant fait la paix le 5 avril, la guerre concentrée entre la France et l'Autriche ne dura que trois mois, du 6 septembre au 8 décembre. Elle né présenta d'autre événement que la

délivrance de Mayence et la reprise de Manheim. Il n'y eut qu'un combat en Italie. Ces
trois campagnes n'en valent pas une l onne,
L'Autriche seule a fait les deux dernières.
Elle ne perdit que très-peu en 1792.

Les campagnes de 1793, 1794, 1796, ont
été bien chères pour l'Autriche. Elles forment
le fonds de la perte de trois cent mille hommes
que nous lui adjugeons. Il faut cependant remarquer que la perte effective a été diminuée par la quantité de capitulations que les
armées autrichiennes ont faites. L'Italie a été
pour elles encore plus des fourches caudines
qu'un tombeau. Elle y a laissé un nombre inoui
do prisonniers , et quoiqu'il soit fâcheux de
ne diminuer sa perte en hommes qu'aux dépens de sa gloir , on ne peut se dispenser,
pour l'exactitude des calculs , de tenir compte
de cette compensation : elle a reçu à la paix
une immense quantité d'hommes par le retour de ses prisonniers.

La Prusse ne perdit pas vingt mille hommes en Champagne : en 1793 et 1794 de vingt-
cinq à trente mille hommes. Sa paix l'a mise
à même de réparer cette perte insensible.

L'Empire n'a pas plus souffert en 1792 ; il
n'étoit pas en guerre. En 1793, il ne la fit
qu'en Alsace avec un petit corps de contin-

gens. En 1794, il ne vit pas le feu. En 1795,
il n'eut qu'à prendre part au débloque-
ment de Mayence et au siège de Manheim,
opérations plus brillantes que meurtrières.
En 1796, il fit presque par-tout des paix séparées ; ce qui en resta avec l'empereur souf-
frit comme lui, mais comme ce n'étoit qu'une
fraction de l'Empire, la totalité du corps ne
s'apperçut pas des pertes d'une partie infiniment petite de ses membres.

La perte totale de la coalition peut donc
être évaluée à cinq cent mille hommes ; ce
qui sur soixante-huit millions qui y ont contribué, ne donne pas un sur cent, tandis que
la France a perdu deux sur vingt-cinq, ce
qui rend sa perte huit fois plus forte que
celle de la coalition....

Pour ramener ces calculs à la question
particulière qui nous occupe, voyons quelles
forces on pourroit s'opposer dans l'état actuel....

Il est évident, au premier coup - d'œil,
que quarante-six millions présentent plus de
moyens que vingt-cinq millions, qu'ils surpassent presque de moitié. L'étoffe n'est pas
égale entre les parties : aussi n'est-ce pas
ce dont il s'agit, mais bien de connoître
qu'elle est la somme de forces respectivement

disponibles, à raison des lois, des habitudes, des besoins et des autres accidens propres à chaque gouvernement.

La France a tenu sur pied sept cent mille hommes ; elle ne pourroit revenir à cet effort, facilité par des circonstances qu'il est impossible de renouveller, telles que le gouvernement révolutionnaire. Il n'est pas un moyen pour le gouvernement actuel, et l'on peut juger ce qu'il en pense lui-même par l'acharnement avec lequel il poursuit les pères du terrorisme, qui enfanta ces immenses armées.

S'il pouvoit les recréer, il ne le pourroit pour long-tems. Car les Français faisant tout plus chèrement que les autres, sacrifiant dix hommes, là où leurs ennemis n'en hazardent que trois, les Français, pour entretenir de nouveau pendant un tems, les sept cent mille hommes qu'ils ont déjà eus une fois, dépenseroient toute la population virile du royaume, et seroient forcés de la faire passer toute entière par les armes ; cas méthapysique, qui d'ailleurs serviroit à merveille les ennemis du gouvernement ; car il seroit sa perte, au moment où il l'essaieroit. Cependant la France est condamnée à ce rigoureux sacrifice, dans le plan proposé. Si elle à eu besoin de sept cent mille hommes pour résister à trois cent mille que la coalition n'a réunis qu'un instant, en 1794 ; combien devroit-elle en avoir pour combattre les cinq cent mille hommes de la nouvelle coalition, ainsi qu'il suit ?...

L'Autriche a un fonds d'armée au-dessus de trois cent mille hommes ; on parle encore de l'augmenter. Elle n'a jamais employé deux cent mille combattans dans la dernière guerre. La perte de la Suisse l'obligera d'en fournir au moins ce nombre, distribué dans l'ordre suivant : cinquante mille hommes en Suisse, soixante dix mille en Allemagne, et quatre-vingt mille en Italie. cinquante mille Napolitains pourront s'y joindre, comme en Allemagne les contingens des cercles de Soüabe, de Bavière et de Franconie. Ces derniers états ont agi très-mollement dans la guerre, dont ils se sont dégoûtés et éloignés sous différens prétextes. Mais la guerre leur devenant personnelle par l'exigence des Français et par l'invasion de la Suisse qui les serre de près, le chef et les membres prépondérans de l'Empire ne travaillent plus à se les arracher et à les diviser ; ces états pourront fournir des contingens considérables, et c'est ne rien exagérer que d'en porter le nombre à cinquante mille hommes.

La Prusse a une armée d'environ deux cent quarante mille hommes au complet. En supposant qu'elle en réserve cent mille pour la garde du pays, et sur-tout de la Pologne, il lui reste cent quarante mille hommes d'excellentes troupes disponibles.

La Saxe électorale et les autres branches de cette famille peuvent fournir vingt-quatre mille hommes; Hanovre vingt mille; Brunswick quatre mille; Hesse - Cassel douze mille. Total, soixante mille hommes.

Si le Dannemarck et la Suède, que nous n'avons pas comptés, veulent aussi prendre part à cette entreprise, ils peuvent, sans se gêner, fournir chacun environ vingt mille hommes.

Quant à la Russie, sa mise et sa place sont plus difficiles à assigner. Sûrement la coopération d'une aussi grande puissance seroit bien avantageuse, car elle a d'immenses forces qui n'ont aucune destination prochaine. Mais outre son grand éloignement et sa pénurie d'argent, l'intervention d'un troisième membre prépondérant dans la ligue, est-elle bien propre à lui conserver l'unité et la simplicité de son action. La

Russie semble appellée à un rôle plus utile, et plus conforme à sa situation. Qu'au lieu d'agir elle-même activement, la Russie se borne à surveiller les deux autres puissances, qu'elle en empêche le frottement, qu'elle entretienne entre elles la bonne harmonie, qu'elle dissipe les nuages qui pourroient la troubler : que la Russie se tienne à ce rôle de conciliation permanente, et elle aura assez fait. Elle doit de plus garantir a la Prusse et à l'Autriche la tranquillité de la Pologne, et porter assez de troupes sur la frontière de ce pays pour y prévenir toute espèce de mouvemens ; c'est alors comme si elle donnoit des troupes à la coalition, car tout ce qu'elle rend superflu pour la Pologne devient disponible pour la coalition, et passe du passif à l'actif. . . .

En réunissant toutes ces qualités, on trouve que la coalition peut disposer, pour la première année, d'une force de cinq cent mille hommes, sans compter la Suède, le Dannemarck, la Russie et la Sardaigne, .

Quant à l'Angleterre, elle ne peut faire employer aux Français moins de cinquante mille hommes en matelots, et en troupes, sur les côtes et aux colonies. La seconde campagne verra croître considérablement cette

masse de forces, par la reprise des Pays-Bas,
de la Hollande, de la rive gauche du Rhin,
et de l'Italie, dont l'ensemble réuni à la coalition peut l'aider beaucoup, quoique chaque
partie soit peu de chose dans le détail. C'est
de la même manière que nous avons calculé
pour la formation des cinq cent mille homm.
il ne tenoit qu'à nous de l'élever encore plus
haut, comme l'ont fait plusieurs projets assez
connus, ce qui est toujours facile dans un
pays comme l'Allemagne, qui contient plus
de six cent trente mille hommes enrégimentés, et toujours prêts à marcher. Mais nous
avons préféré de nous borner à des évalua-
tions incontestables dans leurs bases, dans
leur exécution et dans leur durée possibles ;
considération bien essentielle, car cette entreprise étant de nature à demander du tems
et à subir des accidens, il faut l'établir sur
des données de même nature, et ne pas l'exposer à périr faute de nourriture. Ce qui arriveroit nécessairement, si le fonds d'établissement surpassoit les moyens réels, ou
s'il demandoit des mesures rigoureuses, par
là même peu concordantes avec les circonstances.

Les Français ont besoin, dans l'intérieur,
de cent mille hommes, c'est mille hommes

par département. Il en faut cinquante mille sur les côtes et aux colonies.

L'expédition d'Angleterre ou du Levant en occupent environ cent vingt mille, il faudra en opposer, à la coalition, un nombre au moins égal au sien.

On connoît jusqu'ici, en Ita-   hommes.
lie. 50,000

En Suisse 50,000

Depuis Bâle jusqu'à Nimègue, sous le commandement de Ha-
try. 60,000

Il doit y avoir en Hollande. . 25,000
____

Total , ... 185,000

Restent trois cent quinze mille hommes à trouver encore pour égaler seulement la coalition dans sa premiè campagne : ce qui se fera difficilement, si on en juge par le passé ; car les trois armées de Buonaparte, de Moreau et de Jourdan, héritières des armées gigantesques de la convention, ne se sont jamais élevées à trois cent mille hommes, ils n'ont jamais eu chacun plus de huit divisions très-incomplettes, . . .

CHAPITRE X.

Des dépenses de la guerre.

LES dépenses de la guerre sont de deux espèces. ordinaires et extraordinaires : la première comprend la solde, la nourriture, l'équipement des troupes. La seconde se rapporte à l'état de guerre, tel que les mouvemens de troupes, l'achat des munitions, les hôpitaux et généralement toutes les fournitures nécessaires aux armées, qu'elles consomment en état de guerre, dans des proportions bien supérieures à celles de l'état de paix. Ainsi les chevaux, les armes, les vêtemens périssent et se détériorent plus promptement en guerre qu'en paix, ce qui élève proportionnellement cette dépense, qui, d'ordinaire qu'elle étoit pour ces objets, devient alors extraordinaire.

Une certaine partie des dépenses militaires ne peut, en paix comme en guerre, être faite qu'avec de l'argent. Ainsi la solde, qui fournit aux besoins journaliers du militaire et qui ne correspond qu'à de petites sommes pour chacun, ne peut se faire qu'en argent, dans tous les grades inférieurs. On conçoit que les supérieurs , dans lesquels se trouvent des richesses distinctives des appointemens , peuvent supporter la perte ou le retard du paiement, en valeurs autres que de l'argent. Les Français seuls ont enfreint ces règles et ont donné à l'univers le spectacle inouï d'armées immenses, soldées avec un papier de nulle valeur, sans que la bonté du service ait été altérée par ce paiement dérisoire.

Ce phénomène étoit réservé à la révolution et digne d'elle en tout sens.

Il y a sûrement de l'économie à payer les fournitures au comptant : mais elles peuvent aussi se faire en papier, en valeurs de toute nature, en un mot par tous les moyens d'arrangemens, de crédit et même de force, dont un gouvernement dispose toujours en cas de besoin..... Sans parler de ce qui s'est pratiqué en ce genre dans tout tems et en tout pays. Remarquons que depuis que la France est revenue à l'usage de l'argent, et que le papier n'est plus forcé, elle a adopté ce mode de paiement pour toutes ses dépenses.

Ainsi l'armée qui, d'après les messages du directoire, compte environ 130 millions de solde, la reçoit en numéraire, tandis que les autres fournitures relatives à son entretien, sont payées par arrangement avec les fournisseurs, en délégations de toute nature sur la trésorerie ou sur les domaines nationaux.

Les puissances auront donc, comme les Français, deux manières de pourvoir à leurs dépenses.

La première, par les fonds affectés à leur état militaire ordinaire; la seconde, par les moyens et les ressources extraordinaires qu'elles sauront se procurer.

Mais, comme le plus ou le moins d'abondance de ces ressources dépend des circonstances personnelles à chacune, il faut examiner :

1°. Les ressources de chacune en particulier ;

2°. Les ressources générales qui peuvent convenir à toutes en commun. ....

L'Autriche n'est rien moins que pécunieuse, mais elle a de l'ordre dans ses affaires; elle paie exactement l'intérêt de sa dette ; elle peut trouver de l'argent dans ses nouveaux états d'Italie, autant au moins qu'en Brabant. Elle vient de prendre le parti très-sage de mettre en vente des parties de domaines territoriaux : cet exemple devroit être suivi par-tout. L'autriche a besoin chaque

année de cent cinquante millions d'extraordinaire , pour l'entretien de deux cent mille
hommes. Ses ressources personnelles peuvent
être des dons patriotiques de particuliers ou
des pays d'états en argent ou en nature , tels
que ceux de la Hongrie ; des emprunts pour
son compte ou pour celui des pays d'états ,
comme ceux de l'Autriche , de la Bohême
l'ont pratiqué dans cette guerre ; enfin après
les moyens de crédit , ceux de souveraineté
tels que la création ou l'extension des impôts
qui en sont susceptibles , ou l'établissement
des fournitures en nature par voie de réquisition. Les ressources extraordinaires , communes à l'Autriche et aux autres puissances ,
trouveront place ailleurs. . . .

La Prusse n'a peut-être plus de trésor ; mais
aussi elle n'a pas de dette. Son régime finan-
cier est très - exact , pour payer , très-actif
aussi pour acquérir , cette puissance a des
moyens de crédit encore tout neufs. C'est un
sol vierge très-propre à supporter l'établissement d'un vaste crédit. L'entretien de cent
quarante mille hommes sur le pied de guerre ,
lui coûtera par an cent millions d'extraordinaire ; elle peut les trouver par les mêmes
moyens que l'Autriche , mais plus facilement
qu'elle du côté du crédit. Supposons que la

guerre dure trois ans et que la Prusse emprunte cent millions par an à cinq pour cent, elle sera grevée, à la fin de la guerre , de quinze millions d'intérêts annuels , mais l'amélioration des revenus ou l'extension des impôts peut , dans le même espace de tems , s'élever à cette somme, qui , répartie chaque année par tiers sur un aussi vaste pays , ne fera nulle part une charge sensible. La Prusse peut donc faire pendant trois ans la guerre , et la guerre la plus utile pour elle, sans rien changer à sa situation présente.

La Saxe a des finances dans le meilleur état; Brunswick de même. Les deux sages princes qui gouvernent ces pays ont réparé tous les malheurs passés et préparé tous les biens à venir.

La Hesse est dans le même état.

Les autres états d'Allemagne nous sont inconnus et sont d'ailleurs peu importans.

Le Dannemarck a des finances bien ordonnées et le meilleur crédit public de l'Europe....

La Suède est au courant de ses affaires, mais elle n'est que là , et pour porter des troupes au-dehors , elle ne pourroit se passer d'un subside anglais , tel que celui que le roi de Sardaigne recevoit.

La Russie manque d'argent : réduite à ses moyens personnels , elle ne pourroit former qu'un petit corps auxiliaire. Pour se montrer en grand, il lui faudroit un très-gros subside que l'Angleterre seule est en état de lui donner : mesure dangereuse sous plus d'un rapport. . . .

L'Angleterre est après la France le pays de l'Europe le plus obéré en finance. Mais cela ne fait rien à la question, car les Anglais étant décidés à tout sacrifier, ou ce qui est la même chose à se laisser tout prendre par le gouvernement, dès-lors il n'y a plus d'embarras de finances ; ils ont cessé le jour où la finance est devenue révolutionnaire du consentement de la nation. Elle s'est mise au régime du papier, à celui des impôts , des contributions volontaires, en un mot, de toute la pertentaille révolutionnaire ; elle s'est arrangée dans la banqueroute même de sa banque , dans la perte de son papier : les emprunts se succèdent et se remplissent ; les Anglais sont contens de cet état ; il n'y avoit de difficulté que pour les y mettre : ils y sont sans se plaindre : il n'y a pas de raison pour en finir. . . . Thomas Payne ne savoit donc ce qu'il disoit avec ses prédictions sur l'Angleterre et ses calculs sur une nation qui n'en

fuit plus ; car les Anglais s'étant laissés mettre
en réquisition, où cela finit-il dans un pays
aussi riche avec un peuple aussi op lent ?
Mais il y a cette différence entre la réquisition anglaise et française ; que la première
est volontaire, régulière et commerçante,
au lieu que celle de France est forcée, dé-
réglée et tendante à l'épuisement. Il y a plus,
la durée de la nouvelle guerre pouvant être
évaluée à trois ans, l'Angleterre a ses fonds
presque faits pour ce laps de tems : ils existent
dans le doublement des taxes accordées pour
trois ans, dans le rachat proposé de la taxe
foncière, objet immence, capable de fournir
aux frais de deux campagnes. Ces ressources
principales, soutenues de quelques accessoires., délivrent l'Angleterre de toute inquiétude financière pour l'espace de tems qui
paroît nécessaire à l'exécution du plan proposé. Si l'Angleterre éprouve des difficultés,
ce ne sera que pour le paiement au - dehors
de quelque gros subside, qui feroit sortir le
numéraire, mesure moins en faveur que jamais auprès de cette nation, dont l'œil suit
par-tout son or.

D'ailleurs, ce système de subsides est mauvais en lui - même et ne peut être employé
avec succès qu'envers des puissances très-

inférieures ; car avec les grandes , l'argent donné ou promis devient bientôt un sujet de querelles ou de plaintes. Le donnateur fait sentir le joug, le receveur sent le poids de la chaîne , quoique dorée , sa dignité s'en offense; on se sépare mécontens : c'est l'histoire de tous les traités de subsides et particulièrement de celui de l'Angleterre et de la Prusse en 1794.... En supposant que les frais de la guerre forcent l'Angleterre à porter trop haut la masse de son papier, elle lui trouvera toujours un débouché facile par la vente , soit d'une partie de ses forêts, de quelques portions des biens de son clergé qui est très - riche , d'une partie de ses immenses communes , soit enfin en lui affectant des terreins dans ses vastes colonies.

L'Amérique en a donné l'exemple.

Le 18 fructidor de la France en a annoncé le projet, pour toute la partie de sa dette, qui ne seroit pas absorbée par la vente des domaines nationaux. Pour terminer cet article de la finance anglaise, nous observerons que la campagne de cette année sera la plus dispendieuse à cause de la descente , de manière que les suivantes iront en diminuant, car une partie des préparatifs de cette année resteront, tels que les vaisseaux , les forti-

fications.... Une autre partie ne se renou-
vellera pas , car on ne fera pas une descente
chaque année , et dans le plan proposé , les
Français auroient bien autre chose à faire....

Les moyens extraordinaires, communs à
toutes les puissances, consistent : 1°. dans
la vente d'une partie des domaines du prince,
comme on fait en Autriche ; 2°. Dans celle
des biens publics les moins importans à l'utilité générale ; 3°. Dans la vente d'une partie
des biens du clergé de chaque pays ; 4°. Dans
les confiscations par représailles contre les
révolutionnaires. La vente des domaines du
prince est par tout pays une excellente opération, un retour aux principes les plus sains
de toute bonne économie politique qui ordonne que le prince ne se réserve que la
portion des propriétés qui est indispensable
pour son usage ou pour son agrément. Le
reste ne peut être considéré comme objet de
revenu ou d'utilité , car la perte de l'impôt
et les frais de régie les rendent aussi onéreux
qu'utiles.

Dans le cas présent, aucun sacrifice ne
doit coûter aux princes , car c'est ici une
guerre de conservation personnelle pour eux,
et ils doivent bien se pénétrer de toute l'ur-
gence de ce mot ; il ne s'agit pas pour eux

de garder leurs domaines, mais leurs couronnes ; de rester propriétaires, mais de rester princes. Qu'ils soient bien convaincus que c'est parce qu'ils sont princes qu'ils ont ces domaines, et que les domaines ne leur manqueront jamais tant qu'ils sauront être princes.

Les domaines publics doivent aussi entrer dans les ressources de la guerre, mais avec tous les ménagemens qu'exige l'utilité publique et la difficulté des tems.

Restent enfin les biens du clergé....

La révolution est venue achever cette propriété, déjà ébranlée par la philosophie et par les murmures des gens du monde. Maintenant la route est tracée : en quelque lieu que la révolution pénètre, les biens consacrés aux autels sont envahis, et la religion reste sans patrimoine, là même où l'on ne lui dispute pas encore ses temples. Cette invasion est tellement inhérente à la révolution, qu'à Rome même, elle s'est emparée des propriétés de l'église, en même tems qu'elle envahissoit le patrimoine de Saint.-Pierre. Le clergé d'Italie est aujourd'hui aussi nu, aussi dépouillé que celui de France. La contagion de l'exemple a gagné jusqu'aux princes de l'Italie, dont quelques-uns, tels que le roi de Sardaigne , se sont jettés sur les biens de leur clergé : l'ordre de Malthe n'a pas été épargné , et le pays le plus catholique du monde n'a pas poussé un cri sur la dévastation de ses temples , dont la richesse et la solemnité faisoient naguères son orgueil.

Il s'est fait sur cette article une révolution subite et complette.

Ainsi les Brabançons révoltés par quelques entreprises de Joseph sur le culte , se soulevèrent contre ce prince : ils viennent de voir, sans émotion, effacer toutes ses traces et chasser ce clergé, qui, par une possession immémoriale , le gouvernoit encore hier. C'est que ces spoliations répétées ne frappent plus des esprits familiarisés avec cette pratique, et que d'un bout de l'Europe à l'autre on regarde froidement immoler le clergé, dont les souffrances n'armeroient pas un bras et ne feroient verser une larme à personne.

C'est de cette disposition générale des esprits que le gouvernement doit profiter pour tirer du bien du mal même ; sûrs que cette mesure ne peut plus exciter de mouvemens, ils doivent demander au clergé, et cela au nom de la religion même , tous les sacrifices compatibles avec son bien propre et ses besoins essentiels. Le clergé doit rester juge de l'étendue du sacrifice et diriger son accomplissement ; la révolution faisant par-tout de ces biens du clergé des armes contre la religion , qu'ils deviennent à leur tour des armes pour elle dans la main des princes.

Il ne s'agit ici de spoliations ni générales ni individuelles, ni de ces consolations dérisoires que les Français ont prodiguées à leurs victimes. Loin de nous de pareilles infamies ; mais il faut sauver la religion et la société ; à ces titres, le clergé a une double dette à payer : il a sous les yeux l'exemple terrible de la perte de celui qui n'a pas su s'y décider. L'Europe étoit sauvée si le clergé des Pays-Bas eût su mettre de bon gré aux pieds de la coalition le quart des richesses que la révolution lui a arrachées de force.

L'Italie seroit encore florissante et vierge de la révolution , si son clergé avoit consacré à sa défense la dixième partie de ce qu'il a perdu. Celui d'Allemagne ne verroit pas balotter son sort à Rastadt ; s'il eût pris pour son compte l'accomplissement du vœu si touchant du coadjuteur de Mayence, demandant à la diète de faire servir tout corps et biens à la défense de l'Empire.

Le clergé de France a seul donné l'exemple d'une offre digne de sa cause et de lui , celle de quatre cent millions qui auroient plus profité à l'état, que ne l'a fait sa spoliation. Mais ce n'étoit pas sa toison qu'on vouloit, c'étoit sa *mort*....

On doit encore mettre au nombre des ressources pécuniaires disponibles pour les puissances, l'établissement uniforme de quelques impôts communs à tous les pays engagés dans cette guerre. Il ne faut pour cela que consulter la nature de l'impôt et le moment de le proposer.

- Le premier doit être le moins incommode possible à la masse des sujets, et par conséquent le plus volontaire comme le plus direct aux classes opulentes.

: Le second doit être fait dans ces momens où les gouvernemens frappent les peuples de l'idée de leur puissance, idée qui résulte des actions d'éclat.

Que dans une guerre destinée à assurer l'existence de l'Allemagne, l'Empire en corps, établisse sur lui-même une taxe générale sur des objets presque étrangers au peuple, tels que les papiers de commerce et les autres actes auxquels le peuple en général prend peu de part. Cet impôt établi sur un motif palpable, par l'autorité centrable de toute l'Allemagne, ne peut trouver d'opposition de la part du peuple qu'elle n'atteint pas ; et l'autorité collective dont il émane , met chaque prince en particulier à l'abri de l'odieux inhérent par sa nature à la création de tout impôt.

Le moment de l'établir ne peut être celui de l'ouverture de la guerre. Ce seroit un présage sinistre qu'il faut savoir éviter.

La politique ordonne de les réserver pour le tems où le succès donne aux princes le droit d'exiger , et commande aux sujets d'accorder par amour ou par crainte de la puissance. Voyez l'Autriche et l'Angleterre , ont-elles eu quelque chose à refuser à l'époque des victoires de l'Archiduc et des trois amiraux anglais ? En politique , comme en tout le reste , l'art de vérifier les dates est très-bon à consulter.

Les Français ayant familiarisé les peuples avec le nom et la pratique des réquisitions, ce moyen peut et doit être employé en cas de besoin.

Toute contestation avec la révolution , aboutissant à cette question, sera-t-on unis en réquisition pour ou contre elle ? Il n'y a qu'à la faire bien entendre aux peuples , comme on l'a fait entendre aux Anglais, et sa voir demander pour conserver ce que les Français demandent pour détruire.

D'ailleurs, en cela comme en tout le reste, la puissance fait tout. . . .

Pourquoi abandonne-t-on aux Français la jouissance de réquisitions interminables et d'un poids écrasant? n'est - ce pas par ce qu'ils sont forts? Il n'y a donc qu'à être fort comme eux pour ne pas éprouver plus de résistance.

Enfin, on trouvera encore quelques ressources d'argent, mais sur - tout d'opinion, dans les confiscations révolutionnaires... . . Oui, dans les confiscations,.. La révolution s'alimente de confiscations; elle en vit depuis six ans. Elle a fait la guerre avec des confiscations ; elle a bouleversé le monde avec des confiscations ; par-tout où elle aborde, la propriété fait place à la confiscation. Elle a massacré pour confisquer, et elle confisque pour massacrer. Eh bien ! il faut l'imiter, opposer des confiscations à des confiscations ; mais les confiscations de la justice à celles de l'iniquité ; mais les confiscations réparatrices de la propriété aux confiscations subversives de la propriété et de la société, mais des confiscations profitables à l'état, à celles

qui n'ont profité qu'à des sang-sues publiques
et à des vautours tricolors.

Il y a en tout pays une certaine quantité
d'hommes qui ont servi la révolution d'une
manière atroce, qui ont ouvert leur patrie
à l'ennemi et qui ont envahi avec impudeur
les propriétés publiques et le patrimoine de
leurs concitoyens. C'est sur ces hommes que
la peine salutaire de la confiscation doit tomber. Jamais la loi du talion n'aura reçu une
application plus équitable.

L'intérêt de l'argent entre bien moins dans
cette mesure que celui de la morale. Le premier ne sera pas bien grand, on le sait, mais
le second sera immense, car il le faut dire,
à force d'impunité le métier de jacobin est
aussi devenu trop bon. S'ils ne s'étoient pas
punis entre eux, il n'y en auroit pas un seul
puni dans toute l'Europe. Ils ont pu tout oser,
tout faire ; ils ne se sont rien refusé : on leur
a tout alloué, et l'autorité publique ne s'est
pas élevée une seule fois contre eux.

Il est bien tems de mettre un terme à
cette longue tolérance. Les révolutionnaires
doivent apprendre à leurs dépens que tout
a son terme, et qu'il existe un droit de représailles.

En comparant ces ressources à celles de

la France, on peut se convaincre qu'elle n'a
rien de pareil à opposer.

Il ne peut entrer dans notre objet de faire
l'histoire des finances de la France. Des
hommes très - éclairés et particulièrement
M. d'Ivernois, ont rempli cette tâche , de
manière à ne laisser rien à desirer. Il suffit
de dire que les finances de ce pays ne res-
semblent à celles d'aucun autre ; que les impôts n'y sont pas payés, par la raison qu'ils
n'y sont pas même établis ; que toutes les
rentrées sont dévorées par une nuée d'admi-
nistrateurs, et que le gouffre de la finance
est tel depuis la révolution , qu'au lieu de se
remplir à force d'y jetter des victimes , il ne
fait que s'élargir.

La finance française étant toute d'agiotage , de marchés frauduleux , de ventes
d'objets volés , elle doit s'affaisser avec la
puissance qui crée toutes ces bases d'escro-
querie ; il ne s'agit donc que d'attaquer la
puissance , la finance s'écroulera avec elle.
Par exemple , les domaines nationaux de
la France étant à-peu-près mangés, comme
le directoire nous l'apprend , ceux des pays
conquis étant sa seule ressource , que deviendroit ce gouvernement , si ces pays venoient
à lui être enlevés , par une attaque bien di-

rigée : comment fourniroit-il à l'augmentation de sa dépense , avec la diminution de
ses ressources ? Les puissances n'ont rien de
pareil à craindre ; leurs revenus sont réels ,
leurs dépenses fixes et acquittées : leurs ressources encore intactes , nullement contre-
dites. C'est de ce côté que la supériorité des
puissances sur la France , est la plus marquée.
Il y a toute la différence de l'ordre au désordre , du certain à l'incertain , du commencement à la fin.

Qu'ils cessent donc de semer par-tout le
découragement , ces Jérémies politiques , qui
s'en vont peignant l'Europe comme une contrée désolée par le fer et par le feu, comme
les déserts de l'Arabie , et qui n'apperçevant
plus de ressources pour l'Europe , que dans
la bassesse de la servitude , osent la lui proposer comme un moyen de salut , et frappent
son sol de la stérilité de leur propre cerveau :
qu'ils apprennent qu'il n'y manque ni un
homme , ni un épi de blé , et que dans la
seule Allemagne , la guerre , avec tous ses
fléaux , a fait verser encore plus d'or que de
sang , depuis Bâle jusqu'à Hambourg : car le
séjour des armées est toujours une source
de richésses encore plus que de désastres ,
comme les Pays-Bas , théâtre éternel de la

guerre depuis trois cents ans, l'attestent à tous les yeux.

Tous les élémens de réparation et de force existent en Europe, ils n'attendent que la main de l'ouvrier.

CHAPITRE XI.

Du plan de la guerre et des opérations militaires.

Montesquieu a dit que bien des princes qui ont su gagner des batailles, ont péri pour n'avoir pas su faire un plan de guerre : mot qui renferme un sens profond, il nous guidera dans le cours de ce chapitre.

Il y a en effet deux grandes parties à la guerre, qu'il faut soigneusement distinguer ; l'une morale et l'autre matérielle. La première consiste dans la bonne disposition de toutes les parties qui doivent concourir à la guerre. La seconde dans la mise en œuvre de ses parties ; en un mot l'une est la tête et l'autre est le bras.

Les qualités pour les bien régler, sont très-différentes et l'expérience semble s'être plu à les séparer, de manière à montrer presque toujours le talent d'exécution incompatible avec celui de disposition. Tellement qu'en France le militaire de terre et de mer n'a jamais pu former un bon ministre de la marine et de la guerre, et que le talent nécessaire pour les bien diriger a paru réservé

à des professions tout-à-fait étrangères à ces
deux états. Ainsi Colbert, Louvois et d'Ar-
genson ont créé ou gouverné avec gloire ces
départemens qui dépérissoient dans les
mains des gens du métier. ... Est-ce variété
ou parcimonie dans les dons de la nature,
est-ce incompatibilité entre l'homme de l'art
et celui du métier ? Malheureusement ceux-
ci veulent trop souvent primer ceux-là ; et
sur-tout les militaires, qui ont pour habitude de concentrer chacun dans leur grade
toute l'importance de la guerre, et qui ne
peuvent pas se faire à reconnoître l'intelligence et le tact militaires à tout ce qui n'a
pas blanchi sous le harnois, à côté d'eux.

Il est cependant vrai que la partie dispo-
sitive de la guerre commande tellement la
partie exécutive, quelque étendue de mérite
qu'ait cette dernière, elle n'aura cependant
d'autres succès que ceux que lui aura pré-
parés la première.

Ainsi l'intelligence des chefs, la bravoure
des soldats, la précision des manœuvres,
tous ces brillans attributs des armées vont
se briser contre l'impéritie ou la mauvaise
volonté qui leur ont tracé une mauvaise ligne d'opération. Quel exemple n'en fournit
pas la guerre qui finit : ce ne sont pas les

armées qui ont été battues , mais bien les cabinets qui leur ont donné une besogne infaisable et qui ont amorti tout l'effet de la subordination , de la bonne volonté et du courage , par leur mauvaise disposition. Entre mille causes qu'on peut en rappprter , il suffit de citer l'opposition constante dans laquelle les cabinets se sont tenus avec les circonstances , de manière que n'appliquant jamais leurs efforts à des tems ou à des lieux opportuns , les plus belles armées les mieux dirigées se sont évanouies en fumée et devoient finir ainsi.

Il faut bien se garder de retomber dans cette erreur , elle seroit plus funeste que la première fois ; elle seroit irremédiable. Si l'on fait encore la guerre à la France , qu'on la fasse bien : elle sera un remède. Si on la fait mal , elle sera un poison mortel. Il n'y a pas de milieu : il vaut mieux mille fois ne pas la faire , que de la recommencer telle qu'elle a déjà eu lieu : car il ne faut pas se le dissimuler , et tout écrivain qui a étudié le génie de la révolution seroit criminel de le taire. La première grande guerre qu'on fera à la France sera aussi la dernière.

Du caractère irascible dont on connoît son gouvernement , fier , impétueux , gâté par le

succès ; la guerre changera de nature sur-le-
champ, et d'ordinaire qu'elle sera en com-
mençant , elle deviendra bientôt guerre de
révolution. Un des deux partis doit y périr.

La France étant trop forte contre chaque
puissance en particulier, la guerre doit être
la guerre de plusieurs contre un et par conséquent une guerre d'alliance, mais d'alliance
véritable, où les cœurs sont en commun,
ainsi que les bras et les principes.

La guerre étant faite au compte de puissances très-différentes par les localités, il faut
un centre commun de délibération , à portée
du théâtre principal de la guerre. L'ennemi
est un, toutes les autorités sont concentrées
dans un même lieu , il correspond par-tout
avec ses thélégraphes, il faut se rapprocher
autant qu'on peut de ces avantages.

La dispersion des conseils est une des choses
qui a porté le plus de langueur dans la guerre
de la coalition.....

La guerre ayant pour but d'assurer l'ordre
public de l'Europe , mais succédant malheureusement à une guerre où les intérêts particuliers ont joué un très-grand rôle , la décla-
ration la plus solemnelle des intentions inva-
riables des puissances , doit précéder toute
action de leur part.

La guerre étant faite contre l'ennemi le plus astucieux , le plus subtil et à-la-fois le plus indiscret qui fût jamais , un centre d'instruction et d'investigation , doit être placé auprès du centre de délibération. En voici les motifs...

10. Dans tout le cours de la révolution , les cabinets ont été mal informés ; les généraux encore plus mal. Les hommes d'état , condamnés par la multitude des affaires à ne pouvoir lire , entendre et comparer beaucoup , sont forcés par la même de s'en remettre aux rapports de gens accrédités par eux , avec lesquels ils correspondent.

Or , comment étoient-ils bien guidés par des hommes qui souvent partagent les erreurs courantes sur la révolution ou les opinions mêmes de la révolution. Prenons pour exemple un fait récent , celui de Rome.

La correspondance à ce sujet, des ambassadeurs , des secrétaires de légation et des autres agens diplomatiques a été publiée. Eh bien ! qu'y trouve-t-on ? sinon tout ce que l'ignorance ou la partialité peuvent dicter. Ils donnent tous les torts au pape , tout le droit aux Français Un de ces honnêtes correspondans embouchant la trompette de Babœuf, va plus loin que le directoire lui-même

et traite le pape avec moins de ménagement.
Ab uno disce omnes. . . .

De bonne foi, sont-ce là des instructeurs ?
et que peuvent faire les cours sur de pareils
documens ?

Il faut finir cela et chercher d'autres oreilles
et d'autres yeux.

2°. Depuis le commencement de la révolution, les papiers publics, trompettes de cette
même révolution, n'ont cessé de lancer à
l'avance des annonces sur les événemens à
venir. C'étoit de la semence qu'ils jettoient
dans le public. Ils ont dit tout et tout annoncé de cette manière: cependant personne
n'a voulu ni les entendre, ni les croire, et
l'expérience n'a corrigé ni les rieurs, ni les
incrédules.

Tout ce qui se passe à Rastadt étoit écrit,
il y a un an, dans le *Rédacteur*. Il a détaillé
de même, et cela vingt fois, tous les projets
sur la Suisse. Le projet d'expédition du Levant existe depuis six mois dans une des plus
dégoûtantes feuilles de Paris, celle du prince
Charles de Hesse : tout se trouve là, pour
qui sait l'y chercher.

Le directoire emploie trois ou quatre plumes pour présenter sous mille couleurs mensongères, et les crimes commis et les crimes médités. Ces annonces sont généralement perdues pour tout le monde, ou peu s'en faut. Ce sont cependant des signaux dont il seroit heureux d'avoir l'intelligence ; ils sont toujours certains, ils seront toujours reconnus par ceux qui savent lire les papiers de France, c'est-à-dire, y voir ce qui y est, et non ce qui n'y est pas.

Après ces préliminaires indispensables, suivis de toutes les mesures relatives à l'ordre, à la discipline et à l'émulation dans toutes les parties du service, on aura à s'occuper de l'objet essentiel, de la répartition des forces.

Elles s'élèvent à cinq cent mille hommes.

Le but est la délivrance de l'Italie, de la Hollande et des Pays-Bas. Une seule puissance ne peut vouloir dans une guerre d'alliance diriger tout et sur tous les points. Pareille dictature est incompatible entre puissances de force, de dignité et d'intérêt presqu'égaux. Pour s'entendre il faut n'avoir rien à se disputer, et pour cela, chacun doit agir sur le point qui est plus à sa portée et à sa convenance.

Ainsi, l'empereur agira de l'Italie à la Moselle ; la Prusse, de la Moselle à l'Océan. Il n'y a là ni point de contact, ni sujet de contestation. Tout est indépendant : chacun a un intérêt égal à bien faire de son côté, sans gêner son allié, ou être gêné par lui...

Les troupes seront réparties dans les mêmes proportions.

Celles des états compris dans la ligne de démarcation suivront les drapeaux prussiens; en exceptant les contingens ecclésiastiques, tout le reste de l'Allemagne et de l'Italie suivra ceux de l'Autriche. Il en sera de même pour les pays reconquis; la nouvelle Hollande avec la Prusse; l'Italie, la Suisse et la rive gauche avec l'empereur.

Si l'on objecte que cette division donne une espèce de sanction à la scission de l'Empire entre deux chefs et entre deux ligues protestante et catholique, on verra que cet inconvénient naît d'une chose déjà existante, est passager de sa nature, et qu'il peut être tempéré par des arrangemens particuliers entre les cours, conservateurs de leurs intérêts et de leurs droits; qu'enfin, il doit être subordonné à la nécessité d'un rapprochement, et au grand résultat qu'il doit avoir. On ne peut se sauver que par une ligue, et celle-ci n'admet point d'*Agamemnon*. Ainsi, dans ce plan, la Prusse commencera la guerre avec deux cent mille h.,

14

dont cent quarante mille de ses troupes, et soixante mille de la basse Allémagne. L'Autriche aura deux cent mille de ses troupes, cinquante mille Napolitains et cinquante mille de contingens allemands.

La Russie doit garder la Pologne avec soin, car les papiers de Paris annoncent de grands projets pour ce pays. . . .

Si la Suède et le Dannemarck entrent dans ce plan, leurs troupes iront avec la Prusse.

De même, la Toscane, la Sardaigne et la Suisse avec celles de l'empereur. La perfection du plan exige :

1°. D'établir, à une distance convenable, des armées, des dépôts de recrues, qui rentreroient de mois en mois dans les vides des régimens, au lieu de s'attacher à l'ancienne méthode d'envoyer la totalité du recrutement à une époque déterminée, mais unique. Par là les armées seroient toujours au complet, au lieu d'être affoiblies, comme elles sont toujours à la fin des campagnes.

2°. D'employer, à la garde des magasins et aux escortes, un quart seulement de troupes réglées, sous la direction d'un bas-officier intelligent et fidèle, comme il y en a tant dans les armées allemandes. Les trois autres quarts sont formés des habitans des

lieux où les magasins seront établis , et où
les prisonniers passeront et resteront. Cela
fut pratiqué avec succès en Brabant , en
1794 , et soulage beaucoup les armées. Les
seuls magasins , sujets à explosion, doivent
rester sous la garde exclusive des troupes
réglées. . . .

La campagne prussienne ayant pour objet
de dégager la Hollande et les Pays - Bas ,
nouvel apanage de la maison d'Orange ,
l'armée prussienne rassemblée en Westphalie , les officiers et militaires hollandais attachés à cette maison seront réunis derrière
la première ligne de cette armée ; les partisans de cette maison seront invités à les
joindre et à se réunir sous les ordres de ces
princes , que l'armée hollandaise a vu avec
enthousiasme , lui retracer pendant les
brillantes qualités des Maurice et des Guillaume.

Les Français , suivant en cela la politique
des Romains , n'entrent jamais dans un
pays qu'à la suite ou qu'avec l'appui d'un
parti. Il faut faire de même et être bien
convaincu que cette méthode appliquée au
cas présent , abrégera beaucoup la besogne.
Les princes de la maison d'Orange , à la
tête d'un parti , soutenus au besoin d'un

corps d'armée prussienne, feront plus d'impression que cinquante mille hommes, sous
eux. Cette mesure aura de plus l'effet de partager les Français entre la garde du pays
contre lui-même et contre les étrangers....

Après le passage du Rhin, l'armée prussienne se partagera en trois parties. La
gauche, forte de vingt-cinq mille hommes,
marchera sur la Moselle et Luxembourg,
pour bloquer cette place du côté de l'Allemagne et empêcher les excursions de sa garnison, et de celles du voisinage, qui pourroient s'y réunir.... Luxembourg ne peut
être bloqué du côté de l'Allemagne, qu'en
occupant Thionville, Longwi et Montmédi.
Ces places manquent aux alliés, et ils ne peuvent songer aucunement à bloquer Luxembourg de tous côtés et à le faire tomber,
comme les Français l'ont fait en 1796,
mais seulement à se prémunir contre la
garnison.

Pour cela on établira en avant de cette
place un corps de vingt à vingt-cinq mille
hommes derrière la Sure, la gauche à la Moselle et la droite revenant en demi-cercle
se rattacher à Arlon. Cette position couvre
très-bien l'Allemagne, elle empêche toute
incursion de la garnison. Cette précaution

est chère sans doute, mais elle est indispensable, tant on a rendu tout difficile à force
de fautes. Il valloit mieux détruire Luxembourg, qu'on ne vouloit ni ne pouvoit garder ; que de le livrer aux Français....

La droite de l'armée prussienne, forte aussi
de vingt à vingt-cinq mille hommes, réunie
au corps d'Orangistes, se portera directement sur les trois provinces hollandaises,
en deçà de l'Issel. Là commencera le rétablissement de la maison d'Orange.

Des embarcations seront dirigées des ports
du Zuiderzée, sur le Nord-Hollande et sur
Amsterdam, pour prendre à revers les inon-
dations, que les révolutionnaires bataves,
furieux de voir écrouler leur domination, ne
manqueront pas de faire jouer. On doit s'attendre à tout de la part des misérables qui
ont appellé l'ennemi dans leur patrie et qui
n'ont pas craint de lui en livrer les membres,
pour régner sur son squélette.

La Hollande ne ressemble à aucun pays
du monde, pas plus par sa défensive, que
par ses autres attributs. Elle est ouverte du
côté de l'Allemagne : les places de la Flandre
hollandaise lui sont étrangères. Celles de la
Meuse jusqu'à Venloo sont des avant-postes
qui appartiennent autant aux Pays-Bas qu'à

la Hollande même. Ainsi Mastricht, qui est bon pour les Pays-Bas, contre une armée allemande, ne sert à rien à la Hollande contre l'Allemagne. Voici pourquoi.

La Hollande ayant eu ses grandes guerres continentales contre la France, a dû ordonner sa défensive contre elle. Aussi est-elle toute concentrée dans le long et étroit triangle, qui s'étend de Berg-op-Zoom, où il a base, jusqu'à Arnheim, où il a sa pointe. La force de la Hollande est toute entre le Lek et la Meuse.

Cet arragement pouvoit être bon, quand l'Allemagne défendoit la Hollande ; mais il ne vaut rien du tout quand c'est la France qui la défend. Alors il y a interversion complette dans le système, et ce qui dans le premier cas faisoit la force de la Hollande, fait sa perte dans le second. La raison est celle-ci :

L'armée allemande ayant devant elle une armée française, doit s'attacher à la combattre et à la faire reculer jusqu'aux frontières de la France. Alors se plaçant entre la France et la Hollande, empêchant tout retour de la part des Français, la Hollande séparée de son alliée, retombe comme une place assiègée. C'est ce qui arriva à Louis XIV. Les alliés venus d'Allemagne se placèrent entre la France et la Hollande, dont les places, privées de secours, tombèrent les unes après les autres.

Dans ce cas, la Hollande entière, représente une ville assiégée, et l'armée allemande, l'armée d'observation de siége....

On ne fera pas à des généraux prussiens l'injure de les croire capables de s'amuser à assiéger, les unes après les autres, toutes les places de la Hollande, et d'enterrer leur armée dans ses tranchées bourbeuses. Ils préféreront sûrement une méthode plus expéditive, et le Rhin passé, ils s'avanceront sans hésiter sur les Pays-Bas, en chassant devant eux les débris de l'armée française, à travers cinquante lieues de pays soulevé à l'aspect de ses libérateurs. Ils iront s'établir sur la Sambre, l'Escaut, la Lys et la West-Flandre, c'est de-là qu'ils prendront toutes les villes de la Hollande.

Le seul siége à faire, qui ne peut être très-long, est celui de Venloo, place nécessaire pour des dépôts et pour ouvrir une communication suffisante entre la ligne de Mastricht à Grave, rendue libre par la prise de Venloo. Ce blocus de la Hollande est immanquable.

10. Parce que les Anglais étant maîtres

de la mer , aucun secours ne peut arriver par cette voie.

2º. Parce que l'armée prussienne sera supérieure à l'armée française. Les Prussiens étant entrés en campagne avec deux cent mille hommes , il leur en restera plus de cent cinqnante mille pour intercepter toute communication entre la France et la Hollande. Les Français ne peuvent évidemment avoir ce nombre de troupes. Car ils auront bien une grande armée sans garnisons , ou des garnisons sans armées ; dans le premier cas, l'armée battue , les places tombent ; dans le second , l'armée est prise en détail , comme le fut celle de Louis XIV. Il n'y a rien à opposer à ce plan qui , au bout de deux ou trois mois , arrache aux Français leurs conquêtes et leur donne à leurs portes un ennemi puissant , par l'établissement de la nouvelle Hollande.

Si l'on préfère d'assiéger Mastricht , cela n'apporte aucun changement au plan principal. L'armée du blocus, renforcée de quelques mille hommes , devient alors l'armée de siège , qui est couvert par l'armée d'observation campée sous Namur, d'où elle le protège aussi bien qu'au plus près de cette place. Ce siège est moins considérable qu'on le croit communément : la place est trop grande , très-dominée et bien peu forte du côté de Wik. Avec la nouvelle méthode d'ouvrir la tranchée au plus près et de couvrir une ville de feu, Mastricht ne tiendroit pas long-tems.

L'Autriche doit agir à-la-fois en Allemagne , en Suisse et en Italie. Elle a trois campagnes à faire au lieu d'une , comme la Prusse. Elle a aussi cent mille hommes de plus , car ses alliés sont comptés pour cent mille hommes , dont cinquante mille Italiens et cinquante mille Allemands.

Ces troupes doivent être partagées ainsi qu'il suit :

Cent trente mille hommes en Italie , dont quatre-vingt mille Autrichiens ; cinquante mille en Suisse , vingt mille de Manheim à Bâle , et environ dix mille hommes de Manheim à la Moselle.

Ils doivent être employés à reprendre Mayence et à chasser les Français jusqu'à leurs frontières. Ce sera aux généraux de choisir entre le blocus ou le siège de Mayence. L'armée qui s'avancera sur la Sarre et sur Landau , formera l'armée d'observation du siège ou du blocus.

Ce mouvement se lie avec tous ceux de

l'armée prussienne aux Pays-Bas, comme il arrive dans toutes les guerres d'alliance, où les mouvemens doivent être combinés et les succès ressentis par chaque parti.

On ne peut indiquer jusqu'à quel point l'armée autrichienne devra pénétrer en France. Sûrement le plus loin sera meilleur et le plus favorable à l'intérêt général ; mais comme ce point n'est qu'un accessoire de la guerre, on ne peut déterminer ses opérations avec la même précision que celles des armées principales qui ont une destination invariable. Sûrement on s'empressera de réparer la faute immense d'être resté spectateurs oisifs de la révolution de Suisse ; cet événement est un des plus désastreux de la révolution, sur-tout pour l'Allemagne.

La reprise de ce pays est une partie essentielle du plan de guerre ; il faut éteindre ce nouveau foyer d'incendie allumé à la porte de l'Allemagne et de l'Autriche. Il y a une différence de cent mille hommes à avoir les Suisses pour amis ou pour ennemis.

La guerre d'Italie est toute tracée sur la carte ; on y apperçoit du même coup-d'œil le départ et le but.

Les Autrichiens rassemblés dans le Tyrol et sur l'Adige, doivent s'avancer sur le Milanez par le Brescian et Mantoue. Cette ville sera bloquée comme elle l'a été par les Français; il n'y a qu'à reprendre leurs postes.

Peschiera doit l'être aussi. L'armée s'avance ensuite sur Milan et marche droit au siège du gouvernement cisalpin, dont l'expulsion sera infailliblement le signal d'une insurrection générale. Modène et les autres places occupées par les Français, seront bloquées par les troupes réglées, réunies aux habitans, comme on l'a indiqué pour la Hollande; car il ne s'agit pas plus en Italie qu'en Hollande de faire des sièges, mais de reconduire les Français à leurs frontières, de séparer les places de tout moyen de secours et d'empêcher les Français de leur en porter. Ce qui est encore plus aisé qu'en Hollande, car la frontière des Pays-Bas est ouverte de tous les côtés, au lieu que celle d'Italie et fermée par les montagnes et ne présente qu'un petit nombre de passages faciles à garder.

Les alliés d'Italie ne doivent s'arrêter qu'au Var, et à Nice qu'il faut reprendre et fortifier de manière à en faire un avant-poste très-solide pour la frontière d'Italie.

Les Français ne pourront pas plus en Italie qu'en Hollande garder à-la-fois les places et

tenir la campagne. Là aussi, il y aura une
armée sans garnisons, ou des garnisons sans
armée. Pour faire les deux ensemble, il faudroit deux cent mille hommes ; car il y a
une étendue immense de Nice à Rome.

Cette étendue de conquêtes devient nuisible aux Français, en cela quelles partagent
leurs forces entre une multitude de places,
la garde du pays et l'opposition à l'ennemi
qui n'a pas le même embarras.

Les Français ne redeviennent vraiment
forts qu'en touchant leurs frontières... Mais,
dit-on, quel compte tient-on dans ce plan
de la prépondérance des armées françaises et
de la force des frontières de cet empire,
aux pieds desquelles la coalition est venue se
briser ?

Les Français ont mis l'Europe au régime
de la terreur de leurs armées ; elle s'y est fa-
çonnée, elle ne conteste plus rien à cet égard.
Le directoire commande au nom de ses redoutables armées ; il parle en les montrant,
et tous les fronts s'abaissent devant cette
menace, tel est l'état actuel. Il est dû à la
succession rapide de deux sentimens que l'on
trouve trop souvent rapprochés, la présomp-
tion et l'abattement. On a commencé par
trop mépriser les Français, on finit par les

trop craindre. De la risée à la terreur, il n'y a eu qu'un passage imperceptible ; tel gouvernement qui en rioit en mai 1792, en frémissoit déjà en septembre de la même année. Tel est l'effet naturel des jugemens inconsidérés : ils ne mènent qu'à des extrêmes.

Sûrement les armées françaises sont très-bonnes, et nous ne partagerons jamais les sentimens haîneux, qui condamnent la France, comme république, à n'en avoir que de mauvaises. La haîne est un prisme trompeur, qui ternit les objets, en les décomposant. Loin de nous ces aveugles préjugés. Mais les succès des Français ne nous font pas davantage illusion sur le mérite intrinsèque de ces armées : on ne sait pas encore ce dont elles sont capables, car elles n'ont pas été mises à l'épreuve. On s'est battu pendant cinq ans, mais on n'a pas fait la guerre aux Français pendant cinq mois.... Trois semaines en Champagne, quatre semaines en mars 1793, trois ou quatre semaines au printems de 1794 et quelques semaines en septembre 1796 ; voilà tout.... Le reste a été une guerre de retraite et de combinaisons impossibles à qualifier. Les armées ont été, comme les soldats, réduites au rôle de machine : les cabinets ont tout dirigé, et ce sont bien eux qui ont été battus.

Deux armées principales ont eu affaire aux Français, celles d'Autriche et de la Prusse. Sur treize combats, celle-ci les a battues onze fois.

Les Autrichiens les ont pareillement battus toutes les fois qu'ils les ont sérieusement attaqués. Sans parler du début de la guerre, le général Mack les chasse de la Roër à l'Escaut, en mars 1793. En 1794, il les culbute sur leurs propres forteresses; en 1795, Mayence est débloqué, Manheim repris et les Français chassés par-tout, dans un tour de main. En 1796, l'archiduc les ramène, battant, du Danube au Rhin : le général Wurmser fait lever le premier siége de Mantoue, qui n'eût jamais succombé, sans les fautes que ce général, ses successeurs, successeurs et leur cabinet entassèrent à l'envi.

Si les retraites sont la pierre de touche des armées, que penser des armées françaises, après le hideux spectacle qu'offrirent les deux retraites de Jourdan, celle de Dumouriez et l'abandon des lignes de Weissenbourg.... Sûrement les Français sont encore ce qu'ils furent de tout tems, d'un

caractère hasardeux, et par là même très-
propres au périlleux métier des armes ; ce
peuple a , plus que les autres, l'esprit soldat,
il est gaîment brave , comme d'autres le
sont tristement ; il va aux coups de fusil,
comme les autres s'y laissent conduire; il
supporte la fatigue et l'intempérie des saisons
avec facilité , parce qu'habitant sous un ciel
tempéré, il participe à tous les climats et
n'a pas une seule combinaison d'existence,
comme les peuples qui vivent sous des climats extrêmes... Mais avec tous ces avantages, les Français ont mille défauts à la
guerre , dont le principal est de ne pas résister à de longs revers.

S'ils avoient eu à lutter contre la persévérance du malheur qui a poursuivi l'armée
autrichienne, peut-être n'auroient-ils pas
gardé quatre bataillons ensemble. Disons-le
hautement : les armées françaises ont été
moins victorieuses que leurs gouvernemens,
qui ont tout fait pour les fair vaincre : les
armées étrangères ont été moins battues,
que leurs gouvernemens qui n'ont rien fait
pour les empêcher de l'être.... La preuve
que ce sont les gouvernemens qui ont fait les
succès et les défaites, c'est que les Français
ont été également vainqueurs sous tous leurs

généraux et sur tous les points où ils ont combattu, et que les étrangers, les Prussiens excépté, ont été également malheureux sous les mêmes rapports. Cette continuité de résultats semblables, à l'épreuve de tous les changemens de chefs et de localités, ne prouve-t-elle pas l'action ininterrompue d'une cause permanente qui ne peut être que le gouvernement.... De manière qu'il est très-probable que si le comité de salut public eût été à Vienne, et Vienne à Paris, Pichegru ou Buonaparte en Brabant et les généraux alliés en France, il est très-probable que la révolution n'existeroit plus.

Il faut d'ailleurs se calmer sur ces mermerveillenx succès des Français, et savoir les apprécier. On leur a tout abandonné : lisez l'histoire de cette guerre : que présente-t-elle ?

De mauvais calculs et des intrigues livrent les Pays-Bas ; ils entraînent la Hollande abandonnée sans secours.

L'Italie s'endort sur sa propre défense et n'est que médiocrement défendue par l'Autriche.

L'Allemagne se divise et désarme à la troisième campagne.

L'Espagne ne sait ce qu'elle fait.

La Sardaigne encore moins.

De bonne - foi est - ce là faire la guerre ?
A l'exception de trois ou quatre villes, y en
a-t-il eu une défendue ou simplement dis-
putée ?

Luxembourg n'a pas paru vouloir un coup
de fusil. On n'a pas su détruire ce qu'on ne
pouvoit garder. Valenciennes et Condé sont
rendus d'un trait de plume : ici il y avoit des
soldats sans provisions ; là des provisions sans
soldats. Les places de Hollande et de Piémont, les plus fortes de l'Europe, ont été
ouvertes par ordre du gouvernement. On a
vu le commandant de Boisleduc faire courir
après l'ennemi en retraite, pour lui livrer,
avec deux canons de campagne, une place
devant laquelle Louis XIV perdit en vain
quatorze mille hommes. Les mémoires de
Pichegru attestent ce fait inoui. L'ambassadeur français à Madrid, Bourgoing, a consacré la reddition de Figuières, le Luxembourg et l'Espagne, comme un prodige d'infamie. Voilà la clef des succès incontestés des
Français,....

En y joignant la prodigalité en hommes,
en argent, les moyens d'intrigues, de corruption et d'intelligence qu'ils ont su se ménager par-tout, il y a bien lieu de s'étonner,
mais c'est de les trouver encore en Italie et

en Hollande , et non pas sur la Vistule ou la mer Noir.

La France avoit le meilleur système et le plus complet de défensive qu'il y eût en Europe , sans avoir les meilleurs places. Sûrement les frontières seront impénétrables , toutes les fois que l'on voudra les prendre les unes après les autres. Mais quel insensé conçut jamais une pareille idée !

Ce ne sont pas les villes qu'il faut attaquer , mais l'armée qui les couvre : celle - ci battue , poursuivie , que deviennent les places ? Ainsi ont fait Pichegru et Buonaparté : ont-ils été arrêtés par les forteresses de la Hollande et du Piémont ?

Il disoit donc une chose vide de sens, celui qui représentoit le génie de Louis XIV et de Vauban, veillant aux frontières de la France; non , ce n'étoit pas leur génie qui la défendoit, mais le mauvais génie de la coalition qui la précipitoit dans l'entreprise de Dunkerque , et faisoit séparer l'armée au moment où elle avoit à choisir entre la prise de Cambray , Landrecy , de Maubeuge ou le chemin de Paris. Voilà ce qui a tout perdu... La Hollande a - t - elle été défendue par le génie de Maurice et de Cohorn ? Le Piémont par celui des deux Victor-Amédée ? Toutes ces frontières bien plus fortes que celles de France, n'ont - elles pas été franchies à la suite des armées qu'on avoit forcées à la retraite ?

Dans le fait, la frontière de France est très-foible de la haute Meuse à l'Escaut, et tout général qui s'y jettera avec une audace réfléchie, n'y sera pas long-tems arrêté.

L'armée française ne tirera sûrement pas vanité de ses succès à Rome et en Suisse ; ils sont plus utiles à la révolution que glorieux pour elle.... Cette conquête ajoute à ses domaines et non pas à ses lauriers. Voilà-t-il pas en effet de beaux faits d'armes que l'expulsion de quelques soldats du pape, ou la défaite de quelques milliers de paysans, trahis par leur propre gouvernement, et trompés par le sentiment de leur valeur héréditaire.

La force de l'armée française ne peut donc être évaluée en elle - même ; car elle n'est pas connue : celle que l'on connoît appartient autant à ses ennemis qu'à elle - même, elle est en partie le produit de leur foiblesse.

Qu'on remette donc à nous éblouir du prestige de l'*invincibilité* des armées françaises au tems où elles auront été mises à une épreuve véritable. Jusques - là, il faut sus-

pendre son jugement et convertir en sages
et vigoureuses mesures, les craintes que l'on
a conçues prématurément : il sera toujours
tems de s'avouer vaincus, et de dire aux
Français :

Tu regere imperio populos, Romane, memento....

En admettant même cette supériorité mo-
mentanée des armées françaises, loin d'être
un motif d'abattement, elle doit servir d'ai-
guillon pour travailler à la reprendre, et à
rétablir l'équilibre, au moins dans cette partie. Les nations ne peuvent exister avec sécurité dans un état d'abaissement compara-
tif, sur-tout du côté militaire : il est pour
elles des propriétés d'opinion, aussi importantes que celles de territoire et de commerce. Leur perte est incompatible avec la
sûreté : celle-ci leur commande de tout tenter pour les conquérir.

L'Allemagne se trouve particulièrement
dans ce cas. Sa considération reposoit principalement sur son militaire, qui tenoit le
premier rang en Europe, depuis le grand
Frédéric. La guerre actuelle vient de l'en
faire descendre : cette chûte blesse sa sûreté et sa considération politique : elle a
trop d'intérêt à la reprendre pour ne pas y
employer tous ses moyens.

CHAPITRE XII.

Des Colonies.

L'EUROPE doit aux colonies l'opulence et les agrémens de sa vie moderne. Elles l'ont bien payée de ses avances et de ses soins. L'acquisition des colonies fut pour l'Europe, une révolution de richesses et de prospérité : la perte des colonies sera pour l'Europe une révolution d'appauvrissement et de ruine.

Cependant au train dont vont les choses, à l'oubli total dans lequel les puissances coloniales paroissent laisser ces belles contrées, aux progrès, à l'affermissement de la révolution, il est aisé de juger que ces possessions, sources de tant de richesses, sont à la veille déchapper à leurs insensibles propriétaires et que toute l'Europe perdra à-la-fois ses colonies. Le plan de destruction de ces riches contrées n'est encore qu'ébauché : la révolution a été trop occupée en Europe pour avoir eu le tems de les *travailler* ; mais donnez-lui le tems de s'affermir, et vous la verrez porter sur les colonies l'activité meurtrière qu'elle a développée dans l'exécution de tous ses projets. D'un autre côté, les anciens liens d'habitude,

d'attachement et de subordination qui atta-
choient les colonies à la métropole, s'affoi-
blissant graduellement, la révolution générale s'y prépare avec une évidence qui saute
aux yeux. Ce sujet se lie essentiellement
avec celui de cet ouvrage, et c'est pour le
présenter dans l'ordre et avec la clarté qu'il
exige, que nous le classerons sous les trois
titres suivans :

De l'état colonial en général.
De l'état actuel des colonies.
Du sort futur des colonies.

10. Les colonies sont des enfans, portés,
par mille causes inutiles à détailler, hors de
la maison paternelle. Leur enfance, comme
celle des individus, a besoin des soins et de
la vigilance maternels. Comme eux, dans
la virilité, elles cherchent à suivre la pente
commune à toute la nature, celle d'exister
pour son compte et de vivre à son gré. En
un mot l'état colonial est la foiblesse pendant l'enfance et le desir de l'indépendance
pendant la virilité. Les colonies, trop foibles
ou trop petites, son condamnées à une éternelle dépendance, comme les enfans disgraciés de la nature, le sont à une tutelle de
toute la vie. Les grandes colonies inquiètent

la métropole, la rivalisent ou s'en séparent dès qu'elles ont atteint un certain degré d'accroissement ou de force. C'est la marche générale de la nature.

Les colonies sont très-éloignées ou voisines de la métropole, faciles ou difficiles à garder, peuplées de races homogènes, mélangées ou tout-à-fait différentes.

Dans les unes, les colons sont à proprement parler des conquérans qui régnent sur une population indigène, infiniment plus nombreuse que celle de leurs maîtres, comme les Anglais au Bengale, les Espagnols en Amérique, les Turcs même en Europe...

Dans les autres, la race des colons conquérans fait le fonds de la population, comme les Anglais aux Etats-Unis, ou les Portugais au Brésil.

Toutes ces variétés apportent des modifications dans le régime : on ne peut pas traiter un petit peuple comme un grand, un grand comme un petit ; une colonie robuste et vaste comme un enfant au berceau.

La métropole considérant ordinairement les colonies sous le rapport du produit net, les frais de garde et de défense doivent entrer pour beaucoup dans le choix à faire et dans le prix à mettre à ces possessions. Ainsi, celles qui, comme Antigoa, la Martinique, la Grenade, peuvent être gardées par l'occupation d'un seul point, sont d'une toute autre considération que celles qui, privées de ces avantages locaux, exigent une plus grande dépense en hommes et en argent.

L'autorité de la métropole éprouve le même déclin que celle des parens, par la croissance des enfans. Ceux-ci, en grandissant, tendent à s'en affranchir et à devenir à leur tour chefs de familles séparées, destinées à se perpétuer de la même manière. Les colonies ont la même allure : dès qu'elles sont grandes, elles visent à l'indépendance comme les Américains. Cette tendance est modifiée à son tour par des circonstances locales. Ainsi, il étoit visible que l'Amérique septentrionale se sépareroit de l'Angleterre avant que la méridionale songeât à se séparer de l'Espagne.

La cause étoit moins dans le génie et dans le culte des deux nations, que dans l'espèce de population des deux Amériques. Celle du nord, composée entièrement d'Anglais, n'avoit pas besoin de s'appuyer sur l'Angleterre pour sa défense contre une population indigène, qui n'existoit pas. Celle du midi, au contraire, étant infiniment moins nombreuse que les indigènes, a ou croit avoir besoin contre elle de l'appui continuel de l'Espagne : il y a donc entre elle et la métropole un lien très-fort qui n'existoit pas entre les Etats-Unis et l'Angleterre.

Les Anglais au Bengale , les Hollandais à Batavia sont , par la même raison , dans la dépendance de l'Angleterre et de la Hollande.

Quand les colonies indépendantes de la métropole pour leur sûreté , deviennent encore fortes en population et en richesse , la sagesse ordonne à celle-ci de cesser de les traiter en enfans , pour ne plus voir en eux que des amis ; elle lui ordonne de substituer à un joug irréparable , les relations de l'amitié , de la convenance mutuelle , cimentées par tous les droits de la consanguinité. L'art de la métropole consiste alors à saisir le passage de l'enfance à l'âge viril , pour régler ses démarches sur le changement qui résulte de cette transition. Ainsi , les Anglais ont perdu l'Amérique pour avoir manqué à cette observation , au lieu qu'en profitant des premiers frémissemens de la liberté qui éclatòient parmi ce peuple , pour renoncer prudemment à une autorité dissoute par la nature des choses , ils auroient établi , sans obstacle de la part de l'Amérique , un prince de la maison d'Angleterre et fondé la royauté aux mêmes lieux d'où la démocratie s'est élancée sur l'univers. Le même cas se représentera avec le tems pour le Canada. Les colonies étendues et riches, comme les Etats-Unis, ne doivent, au bout de quelque-tems, être pour les métropoles, que des débouchés et des marchés. Celles-ci doivent y renoncer à la propriété foncière pour le commerce. Que les colonies consomment beaucoup, voilà tout ce qu'il faut à la métropole ; que les colonies s'enrichissent, nouvel avantage pour elle : car elle vendra toujours beaucoup à qui pourra beaucoup acheter, et celui-là peut acheter qui peut prospérer.

Ainsi l'Angleterre, en perdant la souveraineté de l'Amérique, n'a rien perdu ; au contraire, elle a vu son commerce s'accroître et suivre les degrés de la prospérité de ce pays ; l'Amérique est aujourd'hui le principal débouché de l'Angleterre.

Ainsi sont tombées les prophéties menaçantes de lord Chatham, sur la liberté de l'Amérique, et l'expérience, plus forte que ce grand homme, a prouvé que des états commerçans au lieu de chercher à maîtriser et à appauvrir leurs voisins, devoient au contraire s'applaudir de les voir s'enrichir,

bien sûrs d'être appellés , par le luxe , au
partage de leurs richesses. Toutes les maximes
exclusives et jalouses de l'ancien commerce
sont démenties par le seul fait de l'Amérique , et dans la réalité , à qui peut vendre
beaucoup , il ne faut que des acheteurs , et
il est foux de commencer par les appauvrir.

L'Espagne est par rapport à l'Amérique ,
dans une position tout-à-fait différente de
celle de l'Angleterre : car n'étant pas aussi
commerçante, elle a besoin de retenir sa
propriété foncière et de réparer par ses produits le déficit du commerce. Elle doit chercher à l'étendre avec ses colonies et à en
éloigner les étrangers. Voilà toute la politique à l'égard de ses immenses colonies.

De l'état actuel des Colonies.

2°. La révolution d'Amérique avoit moins
influé sur les Antilles que sur l'Europe. Les
brandons qui ont consumé ce malheureux
pays , y furent lancés de France, et la révolution a été importée d'Europe. A la vérité depuis l'édit du 30 août 1794 , le commerce américain y primoit à quelques égards
celui des Européens ; mais cette perte étoit
balancée par d'autres améliorations , dont
quelques-unes provenoient du bénéfice même

du commerce avec l'Amérique. Ces petites oscillations n'empêchoient pas la France de retirer de ses colonies d'Amérique la somme énorme de 160 millions, dont St.-Domingue fournissoit seul au-delà de 110 millions. A cette époque toutes ces possessions étoient parfaitement tranquilles ; les liens entre la métropole et les colons se resserroient chaque jour par une fréquentation plus habituelle ; la suprématie, l'autorité de la mère patrie n'étoient nullement contestées ; la subordination la plus exacte régnoit dans toute la hiérarchie des couleurs qui habitoient ou qui fécondoient ces belles contrées : enfin elles marchoient avec rapidité vers un accroissement de prospérité , dont il étoit impossible d'assigner le terme , quand la révolution est venue détruire ce chef-d'œuvre de l'industrie humaine.

Cet affreux changement avoit été préparé par les déclamations de l'abbé Raynal, précurseur de tous les sycophantes , qui sous le nom d'amis des Noirs , inondèrent les deux mondes de leurs diatribes philantropiques sur la traite des Noirs , sur l'horreur de leur sort aux colonies, et finirent par massacrer les Blancs , incendier les habitations, et armer les Nègres déchaînés. Tous les gouvernemens qui se sont succédés en France depuis la révolution , ont merveillement secondé ce début. L'affranchissement subit de tous les Nègres , l'expusion des Blancs, l'envoi de commissaires tels que Victor Hugues et Sonthonax , les Robespierre des colonies , enfin l'apparition d'un nouveau fléau ,

Digne d'enrichir en un jour l'Achéron.

la fièvre jaune mettant le comble à l'insalubrité des climats , tout a contribué à la ruine des colonies : dans quelques années la stérilité et la mort auront remplacé la culture et l'abondance.

Tous les actes du gouvernement français sur ce pays sont frappé de signes certains d'insanité et de barbarie. On ne conçoit pas même par quelle fantaisie il a mis du prix à l'acquisition de la partie espagnole de Saint-Domingue , pourquoi il tient encore à la restitution de ses propres colonies , lorsqu'il s'interdit par tous ses actes les moyens de les posséder utilement.

C'est là une de ces contradictions qu'on rencontre fréquemment dans la révolution , et qu'on ne peut expliquer que par des intérêts privés ou par la vanité des chefs.

Comment dans le fait concilier le desir de

conserver des colonies avec l'acharnement
que l'on met à poursuivre les dernières traces,
de l'esclavage, sans lequel il est impossible,
d'avoir des colonies? Comment concilier la
culture avec l'armement continuel des Nè-
grès et l'introduction dans ces îles infortunées
de tous les brigands du monde? Elles sont
devenues l'égout de l'univers.

Quand le gouvernement français parle de
bonne foi, il semble avoir fait son deuil de
ses colonies et ne plus les considérer que
comme un brûlot destiné à incendier celles
de ses voisins; le gouvernement se tourmente
à chercher des remplacemens pour cette perte
immense, et fidelle au génie de la révolution, qui est de placer toujours le ridicule
à côté de l'atroce, il s'est arrêté à un expé-
dient qui seroit le plus bizarre de tous, s'il
n'en étoit pas le plus barbare; celui de faire
des colonies dans des climats empestés avec
des vieux prêtres et des hommes de tout état
et condition, arrachés à une vie entièrement étrangère à leur nouvelle destination.
Si c'est un essai, c'est trop bête; si c'est
cruauté, c'est trop fort....

Les colonies françaises étoient aux colonies
européennes, ce que la France est à l'Eu-

rope. Saint - Domingue étoit le Paris des Antilles.

D'après les calculs faits sur les lieux en 1787 par M. Bryan Eduards, auteur de l'histoire civile et commerciale des colonies anglaises en Amérique, Saint-Domingue comptoit, dans cette année, une population de cinq cent trente-cinq mille hommes, dont trente-un mille Blancs, vingt-quatre mille Mulâtres et quatre cent quatre-vingts mille Nègres. Les plantations de toute nature montoient à huit mille cinq cent trente - six, l'exportation de l'année sur les quatre cent sept bâtimens, s'élève à cent dix-huit millions.

Quel spectacle de richesse et d'opulence !..

Indè irae... les Anglais suivoient de l'œil les progrès de la culture de Saint-Domingue et des autres colonies françaises. Considérant que le sol de leurs colonies, trop tôt vieillies, alloit en dépérissant, tandis que celui des îles françaises sembloit s'améliorer sous la main du cultivateur, ils virent aisément les suites de cette proportion inverse, et conçurent fort bien qu'ils ne pourroient soutenir longtems la concurrence de la France ; on est parti de-là pour les accuser d'avoir fomenté les troubles des colonies à dessein d'y frapper au cœur leurs rivaux. Les soupçons ont été fortifiés par la conduite du ministre que l'on a vu et entendu poursuivre l'abolition de la traite avec le zèle et le langage de Brissot.

En joignant à ces inductions tout ce qui se dit et s'imprime sur la nécessité de tourner les efforts de l'Angleterre vers le Bengale, où elle règne sans compétiteurs sur les millions d'esclaves laborieux et dociles, on peut croire tenir le fil de la conduite de l'Angleterre, à l'égard des colonies. Elle s'est d'ailleurs ressentie de la mobilité des circonstances ; elle a été incertaine et foible comme sont tous les essais. Ainsi, elle a dévié du système d'abandon, en dirigeant sur les Antilles le grand armement du général Abercrombie. Mais le défaut de succès, mais l'impossibilité de renouveller, ainsi que d'ajouter la garde de ces grandes colonies à celles d'autres possessions déjà trop étendues, mais l'aggravation de la mortalité fomentée par le mauvais régime et par la médecine encore plus mauvaise des Anglais, tous ces inconvéniens réunis semblent les avoir dégoûtés et fixé leurs vues sur le Bengale.

Si les Français n'achèvent pas par la force la conquête de Saint-Domingue, ils l'auront par l'évacuation que les Anglais seront forcés d'en faire..... Ceux-ci ont renouvellé aux Antilles toutes les fautes que la coalition faisoit en Europe. Ils vouloient envahir les colonies françaises, et ils avoient à peine de quoi garder les leurs. Le grand armement du général Abercrombie a péri sans avoir le plaisir de tirer un coup de fusil. Les Anglais occupés en Irlande et dans leur île, n'ont aucun moyen de le renouveller. Ces grands armemens manquent presque toujours, parce qu'il est impossible qu'ils n'éprouvent pas mille accidens de retard ou d'autres causes qui en affoiblissent infailliblement l'effet.

L'invasion des colonies fut une grande faute de politique de la part des Anglais. Elle effraie les puissances maritimes, et détache l'Espagne honteuse de travailler pour son ennemi, contre son allié naturel.

D'ailleurs, la possession des colonies françaises en portant en Angleterre les trésors qu'elles valoient à la France, lui devenoit funeste à quelques égards; car l'accroissement du numéraire élevant d'autant les salaires, rompoit la proportion entre celui de l'ouvrier et du soldat, que le gouvernement qui vit d'impôts, ne peut pas élever aussi facilement que le fabriquant; alors le plus mauvais métier qu'un homme puisse faire est de servir son pays, et malheur à celui qui en est là....

Il est un point auquel les états doivent travailler à borner leur propre richesse ; c'est le trop plein des eaux qu'il faut savoir détourner.

Les projets de l'Angleterre sur le Bengale ne paroissent pas plus réfléchis que ceux qu'elle forme sur les Antilles.

Ce pays fournit des sucres égaux en qualité et en valeur à celui de Saint-Domingue. La raison en est que le sucre sert de lest aux vaisseaux de la compagnie des Indes, chargés de marchandises précieuses, et que par conséquent ils n'entrent que pour fort peu de chose dans la cargaison. Mais qu'au lieu de soieries et d'autres marchandises communes, et d'un grand encombrement, telles que le sucre, qu'au lieu de soixante à quatre-vingts vaisseaux de compagnie des Indes, on en employe des milliers à voiturer du sucre, alors les prix se ressentiront tout de suite de ce changement et s'élèveront à la hauteur des nouvelles circonstances. En vain, dira - t - on que les Anglais, maîtres de la denrée, le seront aussi du prix. Cela est bon pour les denrées de première nécessité, mais ne s'applique pas à celles d'agrément ou de

fantaisie, dont l'usage se règle sur les facul‑
tés du consommateur... Ce systême du Ben‑
gale est donc absolument faux en lui‑même.
Il seroit encore ruineux pour l'Europe qui,
ne vendant presque rien aux Indiens, se‑
roit obligée de leur acheter leur sucre avec
de l'or, comme elle achette le thé aux Chi‑
nois, opération qui lui fait payer un tribut
annuel de plus de 80 millions.

. Enfin, ce systême porte sur un faux sup‑
posé, celui de la continuité de la possession
du Bengale par les Anglais : opinion que nous
allons discuter tout‑à‑l'heure.

De l'état à venir des colonies.

30. On a dit que la révolution française
feroit le tour du monde.

Certes, il est peu de pays qui soient au‑
tant sur son chemin que les colonies euro‑
péennes. Ce sont des domaines faits tout
exprès pour elle. Les colonies françaises
sont totalement subverties. Le gouverne‑
ment français, au lieu de s'attacher à y ré‑
tablir des liens de subordination et d'ordre,
s'attache encore à briser le peu qui en reste.
Il ne veut faire de ce triste pays qu'un ins‑
trument de destruction : les colonies fran‑
caises sont le foyer d'incendie et de cor‑

16 *

ruption des Antilles, comme la France l'est de l'Europe.

Après l'évacution de Saint-Domingue, les troupes françaises, occupées jusqu'ici dans l'intérieur de l'île, en sortiront pour se porter sur les colonies anglaises, comme les armées françaises sont sorties de la république, à la suite des alliés. Les Nègres ayant abandonné la culture pour les armes, profession dans laquelle ils excellent, sur-tout comme chasseurs, vont devenir des flibustiers. Ils seront les Barbaresques de l'Amérique ; leur race se soutiendra comme celle des Marons à la Jamaïque et des Caraïbes à Saint-Vincent. Les hauteurs de Saint-Domingue sont-elles habitées par d'autres que par des Nègres ? Le besoin les rendra pirates et fera naître d'autres *Tunis* et de nouveaux *Alger* sur le rivage de Saint-Domingue. Les possessions hollandaises, imbues du même venin, atteintes des mêmes fléaux que celles de la France, aideront au développement de la révolution, et par le fait, dans l'ordre de la révolution, l'Archipel américain ressemble parfaitement à l'Europe ; il est à moitié révolutionné comme elle.

Si la guerre continue, la garde de leurs

colonies coûte aux Anglais plus qu'elles leurs rendent : si l'on fait la paix, l'établissement ordinaire ne peut plus avoir lieu ; il en faut un proportionné à la nature de cette paix, à la probabilité de sa durée , à la nécessité d'une surveillance plus active , et par consé-quent il en faut un , tout autrement dispen-dieux , que le premier , en supposant même l'observation de la paix de la part du gouver-nement, on ne peut avoir la simplicité de la supposer de la part de l'esprit révolutionnaire, qu'il faut bien distinguer du gouvernement; car celui-ci peut être en paix, et l'autre n'y être pas. En effet tandis que les troupes et les escadres de la France se reposeront, les émis-saires , les apôtres de la révolution se repose-ront-ils de léur côté ? y a-t-il même des trêves possibles avec eux, et, y en auroit-il avec la publicité des principes subversifs du régime colonial ? y en auroit-il avec le spectacle des effets qu'ils ont produits avec l'impression de l'exemple , avec le retour sur soi - même qu'il fait faire à ceux pour qui ils sont des-tinés ? La paix calmera-t-elle les haines que la révolution a fait naître entre les couleurs ? empêchera-t-elle le Blanc d'être haï du Mu-lâtre, et le Nègre de haïr l'un et l'autre : de voir son semblable libre , d'aimer une ré-

volution qui brise les fers et qui rétablit
l'homme dans ses droits? l'empêchera-t-elle
d'apprendre qu'en Angleterre même un parti
puissant s'est déclaré pour lui et qu'il compte
pour chef , le chef même des conseils du roi.
Tant d'innovations , de réflexions et d'espérances étrangères à l'ancien état des colonies, ne le changent-elles pas , indépendam-
ment de la guerre ou de la paix et ne rendent-
elles pas l'état de guerre préférable à celui de
la paix; tout cet *imbroglio* naît du caractère
d'incompatibilité que nous avons si souvent
remarqués dans la révolution ; incompatibilité qui s'étend encore plus loin avec l'état
colonial , qu'avec les autres établissemens des
états de l'Europe.

Les colonies françaises et hollandaises
forment à-peu-près la moitié de l'Archipel
américain : elles sont révolutionnées. Les colonies anglaises forment l'autre moitié : ce
sont les seuls points de résistance ou d'appui ; car celles de l'Espagne , ressemblantes
à tout ce qui appartient à cette monarchie ,
ne peuvent être comptées. Celles de Dannemarck et de Suède sont des infiniment
petits. Or , les colonies anglaises résisteront-
elles long - tems , soit à des attaques bien
combinées, soit aux événemens fortuits d'une

guerre prolongée , soit au succès de la descente en Angleterre ? Si quelqu'un de ces
événemens a lieu, les colonies anglaises sont
perdues et, cette perte entraîne, sans retour,
celle de toutes les colonies de l'Europe. Les
colonies hollandaises et de l'Asie sont dans
le même cas pour l'Archipel indien ; elles y
seront le brûlot des colonies européennes ,
comme Saint-Domingue est celui des Antilles.

Voilà pour les colonies à sucre d'Amérique.

Quant aux grandes colonies de l'Amérique
méridionale et de l'Asie , outre les dangers
communs à toutes les colonies , elles en ont
encore deux tout particuliers à craindre :
1°. L'indépendance ; 2°. L'expulsion des Européens.

Ces dangers attachés de tout tems à la
possession de ces contrées , sont infiniment
augmentés par la prolongation de la révolution, qui ne peut manquer de les réaliser
tous les deux , et cela de deux manières. La
première en les forçant à l'indépendance
pour échapper à la révolution , comme les
îles de France et de Bourbon. La deuxième
en recevant la révolution de la métropole,
comme les colonies françaises et hollan-

daises , ce qui est la même chose que l'indépendance pour ces grandes colonies.

1°. Des colonies peuvent être assez sages
pour ne pas vouloir s'associer à toutes les
folies de leur métropole et aux fléaux qui les
suivent. Elles s'en séparent et régissent elles-
mêmes , comme ont fait l'île de France et de
Bourbon.

2°. Des colonies révolutionuées par la métropole sont plus portées à l'indépendance
qu'elles l'étoient dans l'ancien régime ; car
celui-ci portoit sur des idées d'ordre et de
subordination : le calme habituel , dont il
jouissoit , lui donnoit le tems de s'en occuper.
Au contraire , dans le régime révolutionné ,
les principes du gouvernement appellent à
l'indépendance , le mouvement continuel
des esprits entretient la fermentation , et
le rapprochement périodique des individus ,
commandé par la constitution représenta-
tive , leur donne les moyens de se connoître ,
de se compter et de former des liaisons dangereuses pour la métropole. Celle-ci , occup-
pée de son intérieur toujours troublé par la
fermentation révolutionnaire , n'a plus les
mêmes moyens de surveiller et de contenir
les colonies. Il y a partage dans son attention et dans ses forces. C'est ainsi que les

colonies espagnoles de l'Amérique sont mille fois plus exposées à une scission avec la métropole, par la révolution, qu'elles l'étoient auparavant. Dès avant cette époque, le voisinage des Américains étoit inquiétant pour elles. Que doit-ce être maintenant, quant, à ce dangereux voisinage, celui des îles françaises et hollandaises se trouve joint. Leur genre de révolution est bien plus ennemi de la dépendance que celui de la révolution américaine. Comment l'Espagne et le Portugal, ces puissances si débiles en Europe, retiendront-elles en Amérique la possession paisible d'immenses contrées, au milieu des embarras qui les assiègent ? Comment exerceroient-elles la surveillance nécessaire sur les émissaires, sur les mécontens et sur les progrès de la fermentation intérieure ?

Ce sera encore bien pis, si ces pays sont révolutionnés par l'Europe. Alors ce sera elle-même qui portera à l'Amérique le don fatal de la liberté et avec la liberté l'indépendance. Que la France retienne, tant bien que mal, quelques îles à demi brûlées, on le conçoit aisément, avec leur foiblesse et avec la force de la France. Mais ici c'est le contraire ; c'est l'Amérique qui est forte et l'Espagne qui est foible. La France n'a pu régenter des points imperceptibles, tels que l'île de France et celle de Bourbon, et l'Espagne contiendroit l'immense contrée qui s'étend depuis le détroit de Magellan, jusqu'à la Californie! Non, non, cela est impossible, et si cela a eu lieu dans d'autres tems et avec d'autres hommes, cela seroit impraticable dans celui-ci et avec les hommes d'aujourd'hui.

Les colonies anglaises de l'Inde sont dans le même cas.

Si l'Angleterre succombe, elles sont révolutionnées de droit; ce sera Londres qui révolutionnera Madras.

Si elle triomphe, l'indépendance se fera plus attendre, il est vrai, mais elle n'en arrivera pas moins un peu plus tard; car l'Angleterre étant très-occupée chez elle, n'a plus les mêmes moyens de surveiller le Bengale. Et celui-ci, devenu plus inquiétant, est plus cher à garder, et par conséquent moins productif. Si l'Irlande est révolutionnée de cœur et d'intention à quelques lieues de l'Angleterre, si elle laisse percer ces projets d'indépendance, le Bengale à 6000 lieues d'elle, n'en pourra-t-il pas former de semblable? N'y a-t-il pas dans tous les grades des admi-

nistrations et des armées anglaises dans
l'Inde, une multitude d'individus imbus des
principes qui agitent l'Irlande, et qui fermentent au sein même de l'Angleterre ?
Des factieux adroits ne peuvent-ils pas profiter de troubles semblables à ceux qui du-
rèrent en 1795 et 1796 dans l'armée de
l'Inde ? Des mécontentemens particuliers ne
les mèneroient-ils pas à en chercher le redressement dans un meilleur ordre de choses,
comme l'a fait l'armée française. Les embarras de l'Angleterre, son éloignement,
l'exemple de l'Amérique, tout concourt à
changer ces conjectures en certitude, et le
conseil de Madras paroît destiné à devenir la
doublure du congrès de l'Amérique. Croyons
qu'il ne manque nulle part des Wasinsghton
et des Franklin, ou des gens qui sans avoir
leurs talens, n'en ont pas moins leur ambition. Les Indiens n'ont-ils pas parmi les
Anglais, leurs amis, comme les Noirs en
avoient parmi les Français. Quand on voit
ce qui se passe par-tout et quels noms se
rencontrent dans la révolution, on ne peut
plus douter de rien. L'indépendance des colonies d'Amérique et d'Asie sera donc la
première révolution que l'Europe éprouvera
dans ses colonies. Elle ne seroit pas plus

sensible pour son existence en général, que ne l'a été celle d'Amérique, qui a tourné à son avantage, par l'accroissement du commerce, remplaçant la propriété. Il en seroit encore de même avec les colonies d'Asie et d'Amérique méridionale ; il y auroit peut-être déplacement de richesses, par le transport du commerce d'un pays à l'autre. Ainsi le nord de l'Europe suplantant l'Espagne dans le commerce de l'Amérique méridionale, la suplanteroit aussi dans les produits qu'elle en tire ; mais il n'y auroit aucune perte réelle pour l'Europe en masse, car la richesse ne feroit que passer du midi au nord. Il est même probable que ce changement seroit aussi avantageux à l'Europe qu'à l'Amérique : celle-ci seroit mieux approvisionnée, et l'Europe commerçant directement avec l'Amérique méridionale, le feroit avec la supériorité qu'elle a sur l'Espagne.

La seconde révolution que l'Europe éprouvera de la part de ses colonies, par la durée de la révolution française, vient de la différence de population. Les colonies américaines formées de sang européen, n'ont fait en se séparant de la métropole, que se refuser à son obéissance. D'ailleurs aucune haine, aucune animosité entre la population des deux pays. Elle étoit de même nature, et la communauté de la souche ne fournissoit pas des sujets de querelles entre des rejetons absolument pareils. Il n'y a eu qu'un partage de famille.... Mais dans les grandes colonies de l'Asie et de l'Amérique, c'est tout autre chose. La population européenne n'est pas la dixième, la vingtième partie de la population indigène. Celle-ci combat, travaille et veille pour l'autre, qui lui est étrangère, qui l'asservit, qui la comprime, après lui avoir fait éprouver tout ce que se permettent les conquérans.

Il y a là bien d'autres motifs de haine, de ressentiment et de séparation que dans les colonies du même sang, même à l'époque de leur divorce avec la métropole. Il y a à venger des injures cruelles et des précautions sévères à prendre pour éviter un nouveau joug. Ainsi, les Européens furent, pour n'y plus rentrer, expulsés de la Chine et du Japon : heureux si l'extinction de leur race dans ces contrées ne signale pas les premiers éclats du ressentiment et de l'affranchissement de tant de peuples. Heureux si cet affreux sacrifice ne leur paroît pas le gage de leur sûreté : ce qu'il y a de certain, c'est que les Européens établis aux Indes et dans le

midi de l'Amérique, sont évidemment me-
nacés de ce sort ; c'est que l'Europe, après
y avoir dominé, est manifestement entraînée
vers un état pire, peut-être, que celui où
elle est à l'égard de la Chine et du Japon.
Cela lui arrivera, soit qu'elle soit révolutionnée ou non, soit que les colonies déclarent
l'indépendance ou non. C'est un cercle vicieux dont on ne peut pas sortir. Ce résultat
arrive sur-le-champ avec l'indépendance,
comme le massacre des Blancs a suivi l'affranchissement des Noirs de St.-Domingue ;
comme l'extinction de la noblesse, du clergé
et de la royauté a suivi la réunion au communes. La non-indépendance ne fait que retarder un peu le mal qui arrive alors par
l'affoiblissement de la métropole trop occupée chez elle. Tout cela est la suite nécessaire de la révolution française. Les annonces
n'en sont-elles pas par-tout ? Que veulent
dire les insurrections du Pérou, dont l'Espagne ensevelit les rapports avec tant de
soin ? Croit-on qu'il y manque des Zamoré
prêts à massacrer tous les Gusman ? Qui pourroit en empêcher ? Dans quelles mains sont
les armes ? Depuis l'établissement des mi-
lices, sous le ministère de Galvez, l'Espagne
n'y tient pas vingt bataillons. Qu'est cette

poignée d'hommes , comparée avec l'étendue
et la population de ces climats. L'Amérique
possède aujourd'hui des fonderies, des chan-
tiers, des arsenaux qui rivalisent ceux de
l'Europe. Les Anglais ne sont pas dans une
meilleure posture en Asie.

L'armée est composée d'indigènes. Les officiers sont divisés par la distinction d'officiers du roi et de la compagnie. La population
anglaise de l'Inde n'est rien ; elle ne prospère pas sous ce climat. Le Bengale est une
mine , et non pas un lieu de demeure pour
un Anglais. Les ressentimens des Bengaliens
sont encore plus légitimes que ceux des Indiens d'Amérique ; car lord Clives fut encore
plus cruel qu'Almagre et Pizarre. Les Ma-
rattes sont à leurs portes comme les Américains à celles du Mexique. Ce brillant empire
de l'Angleterre au Bengale est donc bien
fragile et ne peut manquer d'aboutir au même
terme que celui de l'Espagne en Amérique.
On peut le regarder d'avance comme atteint,
si la descente réussit, ou si la guerre se pro-
longe long-tems. Nous en avons déjà dit la
raison. .... La France , de son côté, ne né-
gligera aucun moyen pour faire perdre ce pays
à l'Angleterre : elle soulèvera Tipoo-Saïb ,
elle y fera pénétrer ses émissaires , ses apô-

tres ; ses officiers d'artillerie et de génie, elle ne verra d'ans l'Inde qu'une source de richesse à tarir pour sa rivale.

Ainsi raisonne la haine, et malheureusement les Européens n'ont jamais eu d'autre guide dans leurs querelles. Ainsi, sans réfléchir à la métamorphose des peuples des deux Indes, qui ne sont plus au tems de la conquête, sans tenir compte des changemens survenus chez eux par la fréquentation avec les Européens et leurs arts, ceux-ci ont été les appeller dans leurs querelles et leur remettre les armes qu'ils devoient se réserver à eux seuls. Tandis que l'on combattoit en Amérique, pour l'arracher à l'Angleterre, on s'allioit encore avec les indiens contre les Anglais ; des généraux, des troupes et des instructeurs français initioient ces peuples dans l'art de la guerre et dans l'usage d'armes dont ils se serviront un jour pour chasser les uns et les autres, digne salaire de l'étourderie d'une pareille politique.

Dans ce moment, la France et l'Angleterre se combattent à Saint-Domingue avec des Nègres enrégimentés : eh bien ! elles n'ont fait qu'organiser les moyens de leur expulsion commune. Ces régimens les chasseront un jour, et resteront maîtres du champ de bataille.

Tel est le sort inévitable qui attend prochainement la vieille Europe pour avoir joué avec la révolution française, pour l'avoir prolongée à plaisir, pour ne savoir pas prendre un parti contre elle. Tandis qu'elle regarde d'un œil sec les préparatifs d'une expédition dont le succès la perd sans ressources, en joignant pour la révolution l'empire de la mer à celui de la terre, le mal gagne, le gouffre s'agrandit, et l'Europe privée de ses colonies, tend visiblement à rester un tronc défiguré par la perte de ses superbes rameaux. Révolution et colonies, sont deux mots incompatibles.

Le plan que nous proposons offre au moins une espèce de remède à ces maux. Il enlève les colonies hollandaises à la révolution. Celles-ci, réunies aux colonies anglaises, peuvent former l'équilibre des colonies françaises révolutionnées. Les Antilles seront à moitié sauvées. Les grandes Indes le seront tout-à-fait... car les français n'y occupent que des points imperceptibles, tout le reste est entre les mains des Hollandais et des Anglais.

Cette considération est d'une importance

majeure. Il en est encore une autre étrangère à la révolution , qui naît aussi de notre
plan.

Dans son ancien état , la Hollande étoit
beaucoup trop foible pour la garde intérieure
et extérieure de ses colonies , sa population
ne lui permettoit pas d'y entretenir des garnisons en quantité et en qualité convena-
bles. On connoît l'infâme trafic qui les ali-
mentoit. D'un autre côté , la mer étant aujourd'hui aussi habitée que la terre , la France
et sur-tout l'Angleterre ayant pris d'immenses accroissemens de commerce et de marine,
l'ancienne Hollánde ne pouvoit lutter contre
aucune d'elles , ni défendre ses colonies qui
étoient toujours prises au dépourvu.

C'est encore pis dans l'état actuel de la
Hollande , qui n'est plus qu'un fantôme de
puissance.

Ces inconvéniens sont corrigés dans ce
plan qui assigne à la Hollande des bases de
population , de commerce et de territoire,
proportiónnés à ses besoins en toute genre
et aux forces de ses voisins.

CHAPITRE XIII,

Du système défensif de la part des puis-
sances, et de celui de modération de la
part de la France.

Dès le commencement de la révolution,
les gouvernemens se partagèrent sur les
moyens de s'en préserver. Deux partis se
présentoient :

Le premier, de la combattre dans son
berceau et de l'y étouffer, en prévenant le
développement de ses forces et l'accroissement de ses dangers.

Le second, de l'observer, de s'en éloigner
ou tout au plus de s'en garder par des mesures
défensives.

Les deux plans n'ont pas cessé d'agir à-
la-fois, de se croiser dans tout le cours de
la révolution, et malheureusement on s'est
borné à 'prendre un peu de chacun, sans
en embrasser un exclusivement à l'autre. Ce
mélange, qui mettoit tout dans une fausse
position, a fini par tout perdre, en donnant
les inconvéniens des deux systêmes, sans les
avantages d'aucun, comme il arrive toujours
avec les demi-plans et les demi-mesures.

Il y a plus : souvent les partisans d'un systême ont été choisis pour être les agens de
l'autre : l'homme du parti pacifique étoit
chargé de la guerre, et réciproquement pour
l'autre système. On a vu comme ils s'en sont
acquittés. Dans le fait, qu'attendre d'une
besogne faite à contre-cœur? Il faut cependant avouer que le système défensif l'a toujours emporté de beaucoup sur celui qui dic-
toit des mesures plus viriles. L'excès de la
résolution alloit jusqu'à établir sur les frontières de France, un cordon défensif, derrière lequel on observeroit les mouvemens
de la révolution, et on chercheroit à l'in-
fluencer.

Louis XVI n'en vouloit pas davantage.
L'idée dominante de son tems étoit que la
présence d'une armée sur le Rhin, suffisoit
pour porter les révolutionnaires à introduire
dans la constitution des modifications coñ-
venables. Il bornoit son ambition à ce moyen,
qui l'eût perdu quelques mois plutôt.

La convention de Pilnitz fut bientôt ra-
menée à un sens pûrement défensif, et Léo-
pold, soit par inclination personnelle, soit
par condescendance pour Louis XVI, passa
tout l'hiver de 1792 à écarter la guerre, qui
n'eût jamais été déclarée, sans l'aggression

des jacobins et de leur ministère du 10 mars 1792.

Aussi , délivrés de toute crainte après le 10 août , n'ont-ils pas cessé de s'en vanter, et leurs déclarations ne permettent pas de douter des intentions qui animoient alors les puissances. Ce système étoit tellement ancré dans certains esprits , qu'ils le reproduisoient au sein même de la guerre et qu'ils voudoient transformer les armées en murailles , destinées seulement à enceindre la France et à attendre , les armes au repos , la fin de ses convulsions et de son agonie.

Les Français ayant , comme on devoit bien s'y attendre , fait changer promptement de face à cette guerre spéculative , les puissances ayant reconnu la foiblesse de ces barricades , la guerre les ayant fatiguées et dégoûtées , *fracti bello fatisque repulsi*. . . . . Les puissansces sont revenues à ce même système défensif, mais sur un autre plan. Ainsi , tandis qu'il s'agissoit , en 1792, de s'unir pour cerner la France et contenir la révolution , il s'agit vraisemblablement en 1798 de s'unir de nouveau , non pas directement contre la France , mais indirectement; non pas pour l'attaquer , mais pour s'en défendre à distance, en s'éloignant d'elle, en interposant des états intermédiaires entre la France et les grandes puissances, et en lui faisant craindre l'action simultanée d'une grande réunion de forces, qui, attendant sur leur terrein qu'on vienne les chercher, s'y défendroient avec tous les avantages que la France a trouvés sur le sien. .... Les traces de ce système se retrouvent par-tout.

La ligne de démarcation et le prix qu'on semble y mettre, l'indiquent du côté de la Pruse et du Nord.

L'autriche ne cherche évidemment qu'à s'éloigner de la France, à se donner de nouvelles frontières et à se fortifier chez elle.

.. Si les bruits de coalion entre la Russie et la Prusse ont quelque fondement, sûrement ce n'est qu'en ce sens purement défensif ; de manière, qu'ainsi qu'autrefois, l'Autriche ne travailloit réellement qu'à modifier la révolution, lorsqu'on la croyoit armée pour la renverser, de même aujourd'hui elle ne se lie avec ses voisins, elle ne remue continuellement ses troupes que pour en imposer à la France et la ramener à des procédés à-peu-près tolérables.

Dans ce plan, l'Autriche fait le centre de cette opposition armée, la Prusse et le Nord en font la droite, Naples la gauche, la Russie la réserve et l'Empire les avant-postes.

Ce plan explique tout ce qui se passe, et le traité de Campo - Formio, et le congrès de Rastadt, et la cession non contestée de Mayence, et de la rive gauche, et la tolérance accordée aux révolutions de la Suisse et de Rome, et la reprise d'armes qu'ont occasionnée les nouveaux dangers de Naples. Il est clair, pour qui veut examiner ces faits et les lier ensemble, que l'on est convenu au moins tacitement de céder en toute propriété à la révolution une certaine étendue de terrein, à condition qu'elle ne chercheroit ni à en sortir, ni à troubler ses voisins. C'est un traité de partage entre la nouvelle et l'ancienne Europe.

Dans ce plan, l'Autriche acquiert les Grisons à la droite du Rhin et cède Constance à la gauche, de manière que ce fleuve forme depuis sa source, jusqu'à son embouchure, la limite entre la partie révolutionnée et la partie non révolutionnée de l'Allemagne.

La Prusse devra vraisemblablement se retirer derrière le Weser, et par cette retraite parallèle à celle de l'Autriche, s'éloigner de la France ; combinaison réputée favorable à la tranquillité des deux empires.

Si tous ces faits ne suffisoient pas, il n'y a, pour s'en convaincre, qu'à examiner la composition et la marche des cabinets.

L'envoi d'un ambassadeur à Paris vient de terminer quelques brouilleries entre la France et la Suède.

Le ministère qui fit la paix de Bâle, continue d'administrer la Prusse, et ce pays, en changeant de souverain, n'a pas changé de système.

Le ministre qui a signé le traité de Campo-Formio, les influences qui ont amené tout ce qui s'est passé avant et depuis, ont un ascendant décidé dans le cabinet de Vienne; il s'est établi des relations intimes entre eux et les agens français à Campo-Formio.

Le ministre napolitain, qui a joué le rôle ostensible à Campo - Formio, dirige les affaires à Naples, d'où le ministre Acton a été écarté par lui comme le baron de Thugut l'a été par le baron de Cobenzel.

L'Espagne même, l'Espagne cherche à se rattacher à ce système, sous un nouveau ministre, qu'il ne faut peut - être pas juger sur quelques actes d'une condescendance forcée par les Français, devenus d'ailleurs d'usage dans presque tous les gouvernemens.

Voilà vraisemblablement le fil de la poli-
litique actuelle.

Qu'on l'étende à la nouvelle marche du
gouvernement français, aux nouvelles dispositions d'ordre et de compatibilité qu'il vient
de manifester avec ses soins, à sa douceur
envers Naples, à l'appui qu'il prête au roi
de Sardaigne contre les insurgés du Piémont,
à son silence sur l'affaire de Bernadotte,
comparé avec l'éclat qu'il a fait à Rome.
Qu'on joigne à ces actes publics les inductions qu'il est naturel de tirer de tout ce que
le gouvernement français laisse percer de ses
intentions dans ses papiers officiels et dans
plusieurs occasions marquantes, telles que
les réceptions d'ambassadeurs toutes signa-
lées par les homélies pacifiques de l'évêque
d'Autun, et la correction publique infligée
à Poultier pour s'être permis des plaisanteries
sur les rois.

Il résulte évidemment de tous ces faits,
que les puissances et la France sont conve-
nues de se tolérer, et pour y parvenir plus
sûrement, de partager l'Europe dont l'ouest
restera à la révolution et l'est aux anciens
gouvernemens. On appelle cela faire la part
au feu ; elle est grande, il faut en convenir...

Du côté des puissances, on a encore calculé

l'amortissement des idées révolutionnaires,
et le peu d'impression qu'elles ont fait en
général sur les peuples et sur les armées. La
première éruption de cette fièvre étoit le
moment critique; il s'est écoulé sans réaliser
les dangers qu'il avoit fait craindre ; il ne
menace pas de retour. De plus, les gouvernemens en se resserrant, en s'entourant de
surveillance, en écartant les sujets les plus
palpables de mécontentemens, se flattent de
balancer les inconvéniens de leur nouvelle
position ; enfin avec la paix, ils attendront
au loin et avec des forces fraîches, les chances
que la révolution doit faire naître en France,
chances dont ils se regardent comme af-
franchis en leur qualité de gouvernemens
réguliers....

Telle est l'origine et la substance du systême défensif. Examinons-le avec soin....

10. Ce système n'est autre chose qu'un plan
de coalition, mais de coalition inactive.
Comme coalition, il renferme déjà tous les
vices de ces associations; comme force d'inertie, il renferme encore tous ceux de l'oisiveté;
et l'oisiveté est mère de tous les vices en politique comme dans tous les autres cas.

Si le mouvement et la chaleur de l'action
ont tant de peine à soutenir les coalitions ac-

tives, comment se soutiendroient-elles dans
le repos des esprits et des corps ?

A quels objets s'étend cette coalition défensive ? Où commence-t-elle, où finit-elle ?
Par exemple, le congrès de Rastadt installe
la France sur toute la rive gauche du Rhin.
Il interpose entre elle et les deux grandes
puissances d'Allemagne, nombre de petits
états. Ces derniers font-ils partie de la coalition, en tout et pour tout ? Les grandes
puissances sont-elles tenues d'intervenir dans
tous les différens qu'ils auront inévitable-
ment avec la France ? Les laissera - t - on
écraser par elle ? Dans le premier cas, que
devient le système défensif ? Quel profit de
substituer à sa place un voisin dont on a la
charge et dont la foiblesse invite à l'attaquer ?
Qu'a-t-on gagné à se déplacer ? Dans le second, le système défensif est rompu, et l'on
se retrouve à côté du voisin que l'on avoit
voulu fuir....

Dans cette coalition, les intérêts sont-ils
également sentis ? Celui qui est en première
ligne, voit-il comme celui qui est en seconde,
en troisième ? Le foible juge-t-il comme le
fort, le riche comme le pauvre, l'état commerçant et navigateur, comme celui qui est
borné à une puissance purement continen-

tale ? Le courant des affaires personnelles à
chaque membre de l'association, ne change-
t-il pas sa position relative à l'association
générale ? Par exemple, la Russie qui, par
sa position, sert de lien commun à l'union
de la Prusse et de l'Autriche n'a qu'à se
brouiller avec la Turquie ? Cet incident ne
change-t-il pas sa position respective avec
chaque membre de l'union, qui la considère
alors sous des rapports personnels ? La division de ses forces n'affoiblit-elle pas le nœud
commun ? Les puissances qui forment le fonds
de l'association oublieront-elles toujours,
en sa faveur, ce qu'elles croient leurs intérêts particuliers et même leurs anciennes
querelles ? Résisteront-elles toujours aux
amorces de l'espérance, aux semences de
discorde et de jalousie que la France jettera
parmi elles, pour diviser leur faisceau ?
Certes, il faut renoncer à toutes les notions
acquises sur le cœur humain et sur la marche
des affaires de ce bas monde, pour adopter
une pareille chimère....

2°. Ce plan étant purement défensif, il a
par-là même tous les désavantages de cet
état, qui condamne à ne faire que parer des
coups qu'il est difficile de prévoir et qu'on
s'est interdit de rendre. Dans ce système, on

abandonne toute initiative comme l'ont fait les puissances dans tout le cours de la guerre, et de la révolution. Elles se sont toujours subordonnées au plan de leur ennemi, sans jamais en former d'indépendans de ceux de la France, qui forçassent celle-ci à s'occuper des leurs. C'est encore la même chose à Rastadt ; on n'y discute que les plans de la France : l'Empire ne demande, ne propose rien pour son compte, il est sur la défensive et dans un état de capitulation....

Or, il en sera de même dans le système que nous examinons ; car un repos absolu, un calme plat, tel que celui des anciennes paix, étant une chimère avec la mobilité qui fait l'essence de la révolution, il y aura nécessairement action et réaction entre elle et les puissances : c'est forcé. Combien de sujets de querelles n'a-t-il pas existé déjà, entre la France et l'Autriche, depuis le traité de Campo-Formió, malgré la première ferveur qui suit toujours les réconciliations ? La Prusse et le Nord n'ont-ils pas été sur le *qui vive* pendant tout l'hiver, par les prétentions de la France sur Hanovre et Hambourg ? Qui leur garantit qu'elles ne revivront pas ? Les puissances se condamnent donc par leur système défensif à tourner autour de toutes les fautaisies de la France , comme des satellites autour de leur planète.....

·3°. Ce système est ruineux à la longue et presque aussi cher que l'état de guerre. Cela résulte de la différence, entre une paix paisible et une paix armée. Or, il est évident que cette coalition et sa paix seront nécessairement armées. La Prusse et l'Autriche ont-elles pu désarmer depuis leurs paix? Les circonstances qui les forcent aux dépenses de la guerre sans guerre., ne se représenteront-elles pas sous mille formes? et la base même du système, qui est l'existence de grandes forces, n'en demandent pas la dépense habituelle, et la montre très-fréquente. D'ailleurs cet état imminent de guerre sans guerre , n'est pas le pire de tous pour les troupes ? L'incertitude de leur sort , la fatigue des marches et contre-marches ne sont-elles pas tres-propres à les dégoûter, à les indisposer, et se concilient-elles bien avec l'esprit d'un état dont la décision fait le fonds ?

4°. Le système défensif partageant l'Europe en deux zones absolument étrangères l'une à l'autre , les deux partis ne sont-ils pas continuellement en présence, et ce q'il y a de véritablement hostile dans opposition permanente , échappera-t-il à la pénétration des yeux révolutionnaires, accoutumés à tout voir, à tout percer. Croit-on leur faire illusion et leur déguiser ce que cet état renferme d'inimitié ou de crainte, de haîne ou de dissimulation? Eh bien! les Français l'ont déjà dit en mille occasions, et sur-tout à celle de la liaison de l'Autriche avec Naples, qui, placés aux deux extrémités de l'Italie, semblent s'être rapprochés, pour en former l'équilibre. Ils se sont bien promis de le rompre, et les prétextes ne leur manqueront pas.

5o. Un systême offensif ou défensif de paix ou de guerre n'est pas au pouvoir de l'Europe; elle s'en flatteroit en vain; elle n'est plus maîtresse du choix.... Au point où elle a laissé venir les choses, ce n'est plus elle qui décide de sa destinée; c'est le directoire, en sa qualité de chef de la révolution française, succédant en cela, à tous ceux qui l'ont dirigée. Nous traiterons de vous, chez vous et sans vous, disoit aux Hollandais le cardinal de Polignac, à Gertruidenberg: le directoire a généralisé l'audace de ce langage, qu'il tient à tout l'univers. Vous aurez, lui dit-il, par toute sa conduite, la paix ou la guerre, suivant notre convenance; suivant que les dispositions intérieures de l'état demanderont le calme ou l'agitation ; suivant les dégrés de l'obéissance de nos troupes et de la sûreté de leur séjour parmi nous ; suivant que le vide de notre trésor nous rendra le pillage nécessaire ; suivant que nous aurons besoin de distraire un peuple léger et vain, et de l'occupper de nos triomphes, dont nous nous servirons également pour l'asservir et pour vous effrayer. Voilà, n'en doutons pas, ce que le directoire répond au fond de sa pensée à ce système défensif, dont il connoît les ressorts tout aussi bien que ceux qui les ont faits. Rien ne lui échappe, soyons en sûrs ; il doit retentir long-tems à l'oreille de tout homme sensé, ce mot de Barrère : *il y a de l'écho en Europe.*

6o. Comme le système défensif est basé sur la paix, il faudroit que cette paix fût également au pouvoir des deux partis. Or, la possibilité de la paix n'appartient pas au gouvernement français comme aux gouvernemens étrangers. Il y a dans le premier une infusion d'esprit révolutionnaire, distinct du gouvernement qui n'existe pas dans les autres. C'est l'esprit de secte et de révolution qui, quoique faisant partie du gouvernement, est quelquefois en opposition avec lui. Ainsi, ce gouvernement composé d'anciens

coriphées du jacobinisme, élevés par la pratique de ces principes, est aujourd'hui en guerre
après avoir été en alliance avec lui au 18 fructidor, au 13 vendémiaire, en un mot dans
toutes les grandes occasions de la révolution :
voilà ce qu'il faut bien distinguer. L'esprit
révolutionnaire est séparé du gouvernement;
il y participe en quelques points ; il lui est
soumis dans quelques autres. On peut être
en paix avec le gouvernement, on ne l'est
pas avec l'esprit révolutionnaire ; le gouvernement fait sa paix avec l'empereur, voilà
son acte ; Bernadotte fait une tentative d'insurrection, voilà l'esprit révolutionnaire ;
l'empereur étoit en paix avec l'un et ne l'étoit
pas avec l'autre. Si le peuple de Vienne eût
répondu à l'appel révolutionnaire de l'ambassadeur, le gouvernement français auroit-il
été le maître de n'y pas répondre de son côté ?
C'est ce qui rend la position des deux partis
inégale ; dans un cas pareil, tout le système
défensif n'est-il pas renversé ; et qui répond
qu'un pareil événement ne sera pas répété
ailleurs par quelque ambassadeur qui n'aura
pas assez médité le précepte de l'évêque
d'Autun, que *fougue* n'est pas *force*.

7o. Le système défensif résultant de l'accord de plusieurs, manque de l'unité qui appartient à son adversaire. Celui-ci est *seul*

cet avantage est immense. Les alliés, au contraire, ne sont pas seulement divisés entre eux, mais ils le sont encore en eux-mêmes : il y a deux conseils dans chaque cabinet, leur choc allanguit toutes les décisions et toutes les actions. Il est connu qu'il y a par-tout un parti français, comme il est également certain qu'il n'y a au Luxembourg ni parti anglais, ni parti allemand, ni parti russe.

8°. Le système défensif ne garantit pas les gouvernemens des attaques sourdes, des menées secrètes et des conspirations sans cesse renaissantes. Quels principes défensifs peut-on leur appliquer? De quelle sécurité laissent-elles jouir? Les rois de Sardaigne et de Naples, le grand-duc de Toscane, bien en paix avec la France, en ont-ils joui un instant depuis trois ans? Quel est leur crime? D'être sur le chemin de la révolution. La Suisse et le pape ont-ils pu se préserver de cette guerre sourde, qui a fini par les perdre?

N'en sera-t-il pas de même pour les puissances attachées au système défensif, et les princes condamnés à tout craindre, à punir sans cesse, ne seront-ils pas forcés de devenir tyrans par système quand ils seront entourés de factieux par principes.

Le système défensif est donc vicieux dans

son essence, et manque de solidité dans ses bases. Voyons, s'il est mieux appuyé sur les accessoires que l'on cherche à y rattacher. Ils sont de deux espèces absolument différentes; les premiers sont les chances de l'état révolutionnaire, les seconds sont l'amortissement de ce même état révolutionnaire, et le retour à la modération; de manière que l'on fait concourir au même but les deux contraires.

Les espérances sur l'instabilité de la révolution et sur sa fin prochaine amenée soit par ses excès, soit par toute autre cause, ont formé et forment encore le fonds des horoscopes que l'on tire sur les destinées de la France. Une grande partie des illusions sur lesquelles on établissoit ses bonnes-avantures, sont déjà évanouies. Ainsi, il n'est plus question de la famine, de l'épuisement intérieur, des assignats et de mille autres folies semblables; mais comme le caméléon de l'espérance, au lieu de mourir, ne fait que changer de couleur, on se console de la perte de ce terrein indéfendable par l'attente du choc des factions, de la lassitude de la nation, du déficit de la finance, que sais-je enfin, par l'attente du retour des événemens pareils à ceux qui amenèrent le 18 fructidor; enfin par l'espoir de ceux que pourroit produire quelque ambition particulière.

18 *

Le gouvernement actuel de la France est établi sur la ruine de ses propres lois constitutives, sur celles des factions, sur celle de l'esprit public dans le pays qu'il gouverne.

1°. Le gouvernement a déchiré, il y a long-tems la constitution au nom de laquelle il règne, et à laquelle il adresse des hommages dérisoires. Au 18 fructidor des royalistes, a succédé celui des jacobins en 1798; la facilité avec laquelle il a chassé et cassé des députés reconnus par toute la France et par lui-même: la facilité encore plus grande avec laquelle il a cassé les nouvelles élections : ce pouvoir de faire et de défaire les représentans de la nation, de se rendre maître du corps législatif, en ouvrant ou fermant la porte à des élus de son choix ou hors de son choix, la latitude de pouvoir excentrique à la constitution qu'il exerce sur les tribunaux, sur les corps civils et militaires, cette réunion de pouvoirs usurpés met le directoire au-dessus de la constitution, comme les concessions du sénat romain mirent successivement les empereurs au-dessus de lui-même et de tout pouvoir connu. A Paris comme à Rome, l'armée conserve au gouvernement les prérogatives que le corps législatif lui défère, et celui-ci règne alternativement sur le sénat par l'armée, et par l'armée sur le sénat. Dans le fait, il n'y a plus de constitution en France, il n'y a qu'un gouvernement. . . . . —

On a pu former quelques espérances sur les élections de cette année, dans un sens précisément contraire à celui des élections de l'année dernière, mais pareil au fond, quant à la probabilité des secousses intérieures.

Mais le directoire a prévenu le coup : après avoir fait la faute de laisser arriver les royalistes, il n'a pas fait celle de laisser entrer les jacobins : il les a arrêtés sur le seuil de la porte du corps législatif. Toutes les élections suspectées ont été annullées.

Les élections étoient à-peu-près partagées entre les jacobins et les commissaires du directoire. L'exclusion des premiers fait du nouveau corps législatif une véritable assemblée de commissaires du directoire. Il y aura probablement un parti d'indépendans, formé d'une petite quantité d'hommes à talent ; mais semblables au parti de l'opposition d'Angleterre, qui compte aussi des talens supérieurs : ils les emploieront en pure perte contre une majorité dévouée, et ils n'ont pas, comme en Angleterre, la resource des manœuvres contre le gouvernement, qui en France les conduiroient droit à Cayenne. M. Fox est bien heureux d'habiter l'Angleterre, contre le gouvernement de laquelle il crie tant, car s'il avoit du affaire à celui de France, qu'il chérit si tendrement, il y a long-tems qu'il seroit déporté.

Le directoire sait bien que dans tout gouvernement représentatif, on ne gouverne pas contre la majorité. Toutes ses démarches se rapportent à s'en assurer. Il y a trop réussi... S'il soigne l'entrée des députés, il soigne aussi leur sortie, les grâces attendent à la porte ceux qui l'ont bien servi, et cette distribution lui garantit la docilité de ceux qui siègent encore.

Le gouvernement anglais ne va pas autrement ; mais aux moyens d'ordre, d'habitude, d'influence ou d'esprit public, qui dans ce pays vallent régulièrement la majorité au ministère, le directoire préfère les moyens de corruption et de violence. Le résultat est cependant le même : comme il n'est pas plus contesté en France qu'en Angleterre, le gouvernement français marche et marchera comme le gouvernement anglais, appuyé sur les mêmes supports. . . .

2°. Il n'existe plus en France de partis, proprement dits.

Un parti ne consiste pas seulement en individus d'une part, ou bien en plans et en projets de l'autre, mais dans la réunion de tous les deux, comme un édifice ne consiste pas dans un plan de bâtiment ou dans un rassemblement de pierres, mais dans leur ordonnance, dans leur rapprochement sur un plan régulier. Or, il n'y a rien de tout cela en France ; et ce pays après avoir été celui de l'Europe qui a compté le plus de partis, est peut-être celui qui en renferme le moins. Les constitutionnels, les girondins, les jacobins, les montagnards, les cordeliers, les fédéralistes, les royalistes, les vendéens, les chouans, les thermidoriens, ont tous également passé. On classe maintenant tous les mécontens en deux grandes divisions, savoir les royalistes et les jacobins. Les uns ni les autres ne sont un parti..... Le nombre de ceux que l'on nomme royalistes, regrettant ou desirant un roi, détestant le gouvernement pour l'amour de la royauté, ou pour tout autre motif, ce nombre, dis-je, est immense. Mais à raison même de son immensité, il ne se connoît ni ne s'entend, il manque de chefs, de plan, de centre et de moyens de direction. Il y a plus, dans tous les conflits du gouvernement avec les jacobins, il sert le gouvernement contre eux, comme ceux-ci servent aussi le gouvernement contre les royalistes. Les jacobins, connus maintenant sous le nom d'anarchistes, sont peu nombreux, parce qu'ils sont le reste d'un parti dont un grand nombre de membres out péri, sans être remplacés ; parti qui d'ailleurs n'a jamais été bien nombreux, même lorsqu'il gouvernoit la France. Mais ce parti, chargé de toute l'horreur due à ses forfaits, n'a pas de soutien dans la généralité du peuple ; il est actif, il a des chefs, des plans, mais il manque de bras, de manière que l'on peut dire que les uns sont des partisans sans parti, et les autres un parti sans partisans. Mais dans cet état, qu'ont les uns et les autres d'inquiétant pour le gouvernement qui les connoît, qui les surveille, qui les domine, l'un par l'autre, qui les châtie tour-à-tour et qui se croyant assez fort pour s'en passer, menace de les briser à-la-fois, comme on fait toujours des instrumens de révolution….

3°. La dégradation et la nullité du peuple français est le troisième moyen de la puissance du directoire. Ce peuple n'est plus qu'un marchepied pour ses maîtres. Le gouvernement a tenté sur lui la plus vaste épreuve que la tyrannie se soit jamais permise. Les tyrans et les usurpateurs règnent ordinairement sur le peuple, par le peuple lui-même, en flattant ses goûts. Les empereurs le nourrissoient et ne cherchoient qu'à l'amuser ; ici c'est tout le contraire. C'est en torturant tous ses goûts, toutes ses affections, toutes ses habitudes,

en poussant les recherches de la tyrannie,
jusque dans les détails qu'elle avoit toujours
respectés ou ignorés, que le gouvernement
régente la nation française et la soumet à un
joug tantôt cruel, tantôt bizarre, mais toujours également détesté.

Le gouvernement français met plus d'importance au calendrier républicain qu'à
l'existence de Dieu, et à l'observation de
la décade, qu'à celle des droits de l'homme : il arrache à trente millions d'hommes
leur religion, leurs propriétés, leurs lois,
leurs enfants, jusqu'aux formes d'urbanité
de leur ancien langage : il l'atteint ainsi dans
toutes ses affections et il n'éprouve aucune
commotion ; s'il y a résistance, elle n'est que
passive et force d'inertie. Le gouvernement
en général est détesté, ses agens sont honnis,
ses institutions villipendées ; on rougiroit
presque par-tout de s'avouer l'ami ou le pa-
rent d'un des dominateurs. O prodige ! la
soumission et l'obéissance surpassent encore
le mépris et la haine. On diroit que les Français sont étrangers à leurs propres souffrances, que ce n'est pas d'eux dont il s'agit dans
les actes de leur gouvernement : en un mot,
le directoire a résolu un grand problême,
celui de gouverner contre les gouvernés.

On aura la juste mesure de la patience

des Français et de leur absence totale de participation aux actes de leur gouvernement, en réfléchissant à la quantité et à la qualité des personnes qui fréquentent les assemblées constitutionnelles et les institutions républicaines, en examinant avec quelle indifférence on a laissé chasser ces députés qui faisoient l'espoir de la France, ainsi qu'annuller leurs décrets qui avoient excité tant d'enthousiasme. Quand on pense que cette violence, aggravée par la banqueroute du 18 fructidor, n'a pas excité un cri, ni armé un bras, que la France entière s'est laissée arracher cette religion dont elle avoit embrassé le retour avec transport ; certes, il faut renoncer à compter sur un tel peuple, à le ranger au nombre des obstacles ou des incidens possibles. Il est ce qu'on appelle dans les écoles *materia circa quam....* Mais il n'est que cela.

Dans le fait, la France paroît contenir deux populations étrangères l'une à l'autre, une de conquérans fiers, actifs, entreprenans ; une de conquis, tremblans, inactifs et subjugués ; c'est comme en Egypte, où une poignée de mamelucs disposent de tout un peuple, où leur gouvernement est tout et la nation n'est rien ; de manière que lorsque le gouvernement français parle de ses con-

quêtes, il faut toujours compter que la première est celle de la France même, et que
la conservation de celle-là lui garantit toutes
les autres.

L'asservissement de la nation est tel qu'il
ne laisse pas même l'espoir d'une guerre
civile : les élémens n'en existent plus dans
la nation. S'il y en a quelque part, ils ne se
retrouvent qu'aux armées ; la nation les re-
garderoit combattre entre elles, comme avec
les Autrichiens et les Anglais. A-t-elle pris
la moindre part aux mouvemens de l'armée
de Hoche, aux menaces de celle de Buonaparte. Il en seroit à Paris comme à Rome, où
les habitans, changeant alternativement de
joug, ne se mêleroient en rien des querelles
d'Othon et de Vitellius ; de celui - ci avec
Vespasien et de milliers d'autres compétiteurs à l'empire, nommés par les armées,
reçus avec plaisir et chassés avec une indifférence parfaitement égale.

Les causes de cet asservissement nous conduiroient trop loin : nous en assignerons seulement quelques-unes.

1°. Le repos actuel équivaut au mouvement
passé ; il fut excessif, la lassitude l'a suivi ;
elle a rejetté la nation dans l'autre extrême.
Le mouvement moral a suivi les lois de la

physique, dans laquelle l'age de réflexion est toujours égal à celui d'incidence.

2°. L'impression de la terreur subsiste encore et pese de tout son poids sur les esprits. On est prêt à tout sacrifier pour l'éviter. C'est le seul sentiment qui se soit manifesté dans la nation, au 13 vendémiaire, au 18 fructidor ; et sur ce point Robespierre règne encore au fond du tombeau.

3°. L'inutilité de plusieurs tentatives , le mauvais succès de guerres cruelles , telles que celles de la Vendée et des Chouans, de Toulon et de Lyon ; milles insurrections étouffées dans le sang ou perdues par *la mal-façon* des entrepreneurs , la crainte de se commettre avec un gouvernement inexorable , tout a contribué à refroidir , à allanguir les Français , à les dégoûter de toute opposition ; tout les a poussés vers une soumission inévitable, et comme rien ne donne plus de forces à un gouvernement que la repression des insurrections , le succès avec lequel le gouvernement les a comprimées toutes , lui a donné une grande puissance d'opinion dans l'intérieur.

4°. L'éclat dont le gouvernement brille au-dehors , ajoute aussi beaucoup à sa considération au-dedans. A cet égard, rien ne manque au directoire; il a marché de succès

en succès , et la nation le paie en obéissance,
de la gloire qu'il a attachée à son nom. C'est là
le piège où les usurpateurs prennent toujours
les peuples ; ils cherchent à faire oublier , par
des exploits , le vice de leur intrusion. L'usur-
pateur se cache derrière des trophées et les
peuples éblouis ne songent guère à contester
un pouvoir dont la source se perd dans des
lauriers.

M. Necker a dit avec beaucoup de raison ,
en parlant de l'influence des victoires de la
France , que le bonnet du grenadier français
avoit caché les infamies du bonnet rouge.

5°. Enfin la cause déterminante de la soumission de la nation à son propre gouvernement , c'est la soumission des gouvernemens
étrangers. Quand les hommes les plus op-
posés à la révolution , ont vu l'éloignement
des puissances pour la cause royale en France , et sociale dans tout le monde ; quand au
lieu de ces motifs sacrés , ils les ont vus travailler à la destruction de la France , ne tenir aucun compte des dangers de la révolution pour la société en général , et pour eux en
particulier , traiter continuellement d'état à
état avec tous les gouvernemens Français
depuis Brissot jusqu'au Directoire , que pou-
voient-ils , aux particuliers , vouloir lui contester ? Charette mourant déclare n'avoir

reçu de l'Angleterre qu'une somme de 15,000 francs : quinze mille francs, grands dieux ! Quel encouragement pour le reste des Français.....

Quoi ! presque tous les gouvernemens baissent à-la-fois pavillon devant les Français ; de grands princes sont leurs alliés , les agens de leurs fantaisies, des monarques absolus chez eux, à la tête d'armées puissantes se soumettent comme les autres à leurs exigences, et des particuliers isolés , dépourvus de moyens ne se soumetteroient pas ? Il faut le dire , ce sont les puissances qui ont achevé la conquête de la France , pour le compte de son gouvernement , et qui lui ont imposé la nésité du joug avec l'exemple de le porter.

Rien de tout cela ne fût arrivé dans un autre ordre de choses de la part des puissances ; rien de tout cela n'auroit lieu dans notre plan ; mais rien de tout cela n'appartient au système décisif , qui est lui-même un plan de composition et par conséquent de soumission.....

Si l'on me demande comment concilier tant de contradictions , tant de grandeur et tant de bassesse , tant de lâcheté et tant de victoires , je répondrai que le directoire est en France , ce que les empereurs , les plus vils des mortels , furent à Rome ; que le sénat

tremblant devant Tibère , étoit le corps législatif de France , que le peuple de la ville
de Rome , abymé de vices et remerciant le
ciel de la convalescence de Néron , est le
peuple de Paris , vautré dans la corruption ,
et criant d'une bouche affamée , vive la république! qu'enfin les armées françaises sont
les armées romaines , achevant la conquête
du monde , à l'époque de la plus grande dissolution de Rome.

C'est que dans les peuples éclairés il y a
toujours aussi des hommes éclairés qui savent
en tirer parti , et que le fonds de la nation
restant sain , pendant que la capitale est
gangrénée , des bras robustes et bien dirigés
suppléent aux vices d'une tête efféminée.
En tout état , la corruption ne sort guère des
grandes villes ou des grands rassemblemens ;
elle ne descend pas dans le fonds des nations
qui font les armées : Paris et Pétersbourg
sont peuplés de sybarites , et leurs armées
sont dirigées par des hommes de génie , et
composées d'hommes vigoureux....

La finance de la république est encore une
des grandes espérances de ses ennemis de
toute espèce.

Il n'y a plus de finances en France depuis
1789 ; car il n'y a pas de finances dans un
pays où la recette n'équivaut pas au cin-

quième , au sixième de la dépense ; ce n'est pas là une finance : or, tel est l'état de la France depuis le commencement de la révolution. Avec une dépense au - dessus d'un milliard , sa recette ne s'est jamais élevée au-dessus de cent cinquante millions de revenus effectifs ; elle n'en a pas davantage aujourd'hui ; le ministre Ramel et la commission des finances viennent encore de déclarer que la trésorerie ne touche pas quatre millions par décade, ce qui fait cent quarante quatre millions par an. Cependant la France *a été*, elle *va* encore malgré ce déficit ; c'est du sein de sa pénurie et de ses désordres que sont sortis sa grandeur et l'abaissement de ses voisins. Elle *ira* donc , comme elle a déjà *été* , et le passé est le garant de l'avenir. On pourroit finir là l'histoire de la finance future de la France et se borner à ce jugement par analogie ; mais comme on insiste beaucoup sur l'épuisement à venir des objets qui composoient les ressources précédentes, il faut en expliquer la nature , l'étendue et la durée possible. C'est un des plus singuliers phénomènes de la révolution….. La France perçoit cent quarante-quatre millons , elle en dépense près de douze cents ; la dépense étant évaluée à trois millions par jour : bornons - la à un milliard pour éviter tout extrême.

Les cent cinquante millions sont employés en solde, et en objets pressans. Encore cela n'a-t-il lieu que depuis un an. Jusque-là, l'armée avoit vécu de papier : une partie de la solde actuelle est toujours arriérée : en septembre 1797, sur environ cent millions de solde, il en étoit dû plus de trente ; la garnison de Mantoue et l'armée de Rome se sont soulevées à défaut de payement. Le papier de toute nature, les assignations, les bons des ministres font le service, et comblent le déficit. Les fournisseurs les prennent comme argent, n'importe à quel prix ; le crédit alors vaut l'argent, et l'état vit de ce crédit. Voilà tout le secret, en France comme en Angleterre, où le gouvernement et le peuple s'entendent pour se donner des billets de banque. Mais comme le crédit du papier de France, n'a pas les mêmes bases que le billet de banque anglais, il faut expliquer comment il se soutient.

Le crédit du gouvernement français se compose de deux élémens principaux.

1°. D'intérêts correspondans aux siens, dans l'intérieur de la France.

2°. De la patience du peuple français.

Le gouvernement ayant passé six ans à transvaser les propriétés, une multitude d'intérêts se sont liés à ses opérations. Ce sont autant d'appuis d'une part, il les invoque dans tous les dangers, et autant de victimes de l'autre : il les pressure dans tous ses besoins.

Les ventes ayant été faites à vil prix, il change les conditions de ses contrats et rançonne à plaisir ses acquéreurs. Après plusieurs extorsions de ce genre, il vient de proposer d'élever d'un *quart* le prix de presque toutes les ventes : quelle immense ressource ! Après celles-là, il passera à d'autres, et ainsi de suite...... L'expérience lui ayant appris qu'il n'existoit aucune liaison, aucune prévoyance dans l'intérieur, que chacun ne s'attachoit qu'à la partie de la loi qui le concernoit nominativement, il prend en détail les diverses classes d'acquéreurs et les rançonne chacune à part ; tous ceux qui n'ont pas pris part à ces acquisitions, trouvent qu'il y a justice à traiter ainsi des gens au moins peu délicats. Le gouvernement s'alimente de l'insouciance et des haines communes. Cela n'auroit pas lieu, si la France étoit combattue sérieusement, mais avec un système défensif, qui au lieu de lui contester ses acquisitions ne fait que les lui confirmer; il n'y a pas de raisons pour que ces remue-mens ne durent pas pendant cent ans. Les acquéreurs sont en grand, ce qu'étoient les engagistes du domaine. . . . .

Mais la richesse véritable du gouvernement français, c'est la patience de la nation française ; voilà la mine inépuisable : il a beau la tentèr cette patience, il n'a pu la lasser.... Cinquante milliards d'assignats, 3 milliards de mandats, des milliards de rescriptions, de bons, de paperasses de toute espèce se sont succédés, se sont chassés, sont tombés les uns sur les autres et le tout en vain. On compte plus de dix grandes banqueroutes publiques depuis six ans ; y a-t-il eu le moindre mouvement ou la moindre secousse. Les rentiers ont fait le désespoir de l'ancien gouvernement, ils font l'inquiétude de tous les autres ; et dans Paris, trois cents mille rentiers meurent de faim, depuis six ans, sans demander autre chose à leurs spoliateurs, que l'aumône.

Le désordre même s'est organisé, au point d'avoir tué l'agiotage en grand, qui est fini depuis an, de manière qu'il n'y a pas eu depuis le 18 fructidor, plus de mouvement sur la place de Paris, que sur celle de Londres.

La finance française va à quelques égards comme celle de l'Angleterre : avec un billet de banque, on a de l'or et des marchandises ; avec un bon du gouvernement français, on a un champ, de l'argent au perron du Palais-Royal et des étoffes chez les marchands.

En Angleterre le parlement ne refuse aucun impôt au ministère : le public, après quelques criailleries, accepte tout de celui-ci ; en France, le corps législatif accorde tout de confiance au directoire, le public le laisse faire, le secret de part et d'autre réside dans la patience de la nation. Elle a, dans les deux pays, rendu vains les pronostics de Thomas Payne, de MM. d'Ivernois et de Calonne. Le premier se fondoit sur des calculs d'arithmétique sur les finances d'une nation qui ne compte plus. Le second a annoncé depuis trois ans la perte de la République par la finance, et le troisième, la restauration de la finance française. Ils avoient à-la-fois tort et raison. M. d'Ivernois avoit raison d'assigner un terme prochain à la chûte du papier ; il avoit tort d'en conclure celle de la République, car elle n'a pas péri, elle ne devoit pas périr, attendu qu'elle devoit faire quelque chose de plus fort que le papier, qui étoit de s'en passer. M. de Calonne avoit raison de considérer la chûte du papier comme étrangère à l'existence de la République. Il avoit tort de croire à la restauration des finances, dont elle ne s'occupoit pas. Car elle a encore plus fait, elle a su s'en passer.

L'erreur des deux auteurs provient d'avoir plus calculé sur une richesse matérielle que sur une faculté morale. Ils ont tous également oublié la patience du peuple ; toute finance a un terme nécessaire , au lieu que la patience d'un grand peuple n'en a pas.

La finance française ne sera donc ni un embarras pour le gouvernement , ni une ressource pour les puissances dans un système défensif; elle deviendroit même un danger pour elles : car la France manquant d'or , mais non pas de fer, tourneroit ce fer contre les puissances pour leur arracher leur or. L'un donneroit l'autre , comme il a donné l'Italie, la Suisse et la Hollande.... comme il fait contribuer Hambourg et Brémen ! Qu'importe d'ailleurs que la finance et mille autres causes tourmentent la France , si elle a le tems de tout culbuter et détruire ; que font maintenant à l'Italie , à la Hollande, à l'Empire toutes les souffrances et toutes les pertes de la France ? Hercule , dévoré de mille feux , n'en déchire pas moins avant d'expirer, les bergers qui s'approchent de lui et déracine les arbres et les rochers.

On fonde encore de grandes espérances sur les armées. Hélas! elles ne sont célèbres que par leur courage et leur docilité, qui tient du prodige ! Premières victimes du despotisme , elles en sont les instrumens les plus dociles et les plus fermes appuis ! Elles ont bien dû apprendre aux gouvernemens à ne pas craindre leurs propres armées, et combien elles sont peu redoutables pour qui sait bien les manier.

Que n'ont - elles pas fait ces armées françaises dans l'odre de la soumission et de l'obéissance ? Quel souverain oseroit exiger de son armée, ce que le directoire fait faire aux siennes ? On les envoie à la boucherie, on les promène de contrée en contrée, de Rome à Brest, d'Irlande à Strasbourg, de Strasbourg à Mantoue ; on les laisse manquer de tout. Pendant trois ans, la solde fut une dérision ; on ne la paie qu'à moitié dans ce moment ; en un mot, l'état habituel de l'armée française est tel qu'aucun prince n'oseroit en faire l'état de la sienne pendant quatre jours, et cependant on est encore à attendre le premier signe de révolte, le premier refus d'obéissance ou de service. Le soulèvement de Rome est un mouvement d'indignation contre un individu et contre des voleurs particuliers, et non pas contre les lois de la république ; l'armée de Rome n'en réprima pas moins l'insurrection du peuple, ne témoigna pas moins de fidélité au directoire : elle s'est embarquée sans murmures pour une destination éloignée.

Qu'est devenue cette armée d'Italie sur

laquelle on comptoit tant , et tous ces généraux qui devoient venir tout renverser ?
Avec quel art on l'a séparée , morcelée , en-
lacée de cajoleries , et définitivement embarquée pour je ne sais quel monde ? De
bonne foi , quand on a vu Lafayette et Dumouriez , abandonnés par leurs propres soldats , Pichegru arrêté par ceux qu'il façonna
à la victoire , et tant d'autres guerriers fa-
meux plongés dans le néant , quand on réflé-
chit à la rotation continuelle dans les emplois, qui prévient toute circonstance de leur
part , comment compteroit-on sur les généraux français ? Il ne faut calculer que sur
leur soumission, qui descend encore plus bas
que celle de leurs soldats. Moreau dénonçant
Pichegru , est le plus vil que ne peut être le
dernier caporal de l'armée.

Il est assez plaisant de voir les étrangers
prêter des mouvemens d'ambition aux généraux français et croire que le gouvernement
ne les surveille pas. Quant aux mécontentemens intérieurs et à leur nombre, il faut les
distinguer des causes de révolution ; ils dif-
fèrent du tout au tout. Il y a par-tout et
en tout tems , des mécontentemens ; et par
des révolutions, comme il y en a dans tous
les corps de principes de maladie, distincts
des causes de mort.

Le gouvernement français a fait ses preuves

sur l'article des mécontentemens ; les autres
gouvernemens de l'Europe se sont débarassés
des leurs , quand ils l'ont voulu , comme a
fait l'Angleterre , la Russie et jusqu'à la Sardaigne. Pourquoi regarder comme cause de
mort pour le gouvernement français , les
mêmes mobiles que l'on ne craint pas pour
soi ? Au reste, en cela comme en tout , des
mécontentemens qui ne renverseront pas le
gouvernement français, seront très-nuisibles
aux puissances ; car ils tiennent le gouvernement dans un état d'érétisme qui double
ses forces. Un calme plat leur seroit favorable ; il faut aux puissances, comme à tous
les ennemis de la révolution , ou le repos
absolu ou l'abattement de la révolution : il
n'y a pas de milieu, tout demi - parti n'est
bon qu'à les servir.

Que des mécontentemens opèrent d'ici à
cent, à deux cents ans, à la bonne heure :
mais à qui cela importe - t - il, et qui peut
calculer jusque-là avec la rapidité des événemens actuels?..

La dernière ancre à laquelle on attache le
systême défensif, est la nouvelle modération
adoptée par le gouvernement français, qui
permet de compter sur un avenir plus doux
et sur des procédés plus rapprochés des usages
généralement reçus parmi les peuples civi-
lisés.

Le premier défaut du plan est son instabilité ; il est celui des hommes et non des choses,
des circonstances et non des principes.

Le directoire et le ministère actue.s sont
modérés, à la bonne heure.

Le changement d'un de leurs membres
peut changer la combinaison. Par exemple,
François de Neufchâteau et l'évêque d'Autun
sont modérés. L'un sort du directoire, l'autre
peut sortir du ministère et entrer au corps
législatif : parmi leurs successeurs, l'un est
un homme d'une trempe dure et grossière ;
l'autre peut être du même accabit. Les sentimens et les formes qui, chez les deux
premiers, avoient amené la modération,
faisant place à la rudesse des autres, de
nouveaux caractères ne produiront-ils pas
de nouveaux procédés, et ceux-ci un nouveau système.

Or, comment oser se fier à un ordre de
choses dont la mobilité fait l'essence, comment oser se reposer sur des hommes ou des
circonstances, dans une révolution dont le
propre est d'imprimer aux hommes et aux
choses, une mobilité dont on ne les croyoit
pas susceptibles.

Pour éclaircir tout ce qui tient à cette
branche du système défensif, examinons en
lui-même ce système de modération et voyons

jusqu'à quel point il peut s'adapter au système défensif....

Si dès le commencement de la révolution ,
tous les gouvernemens se partagèrent sur
les moyens de lui résister entre la fermeté et
la condescendance, la révolution, elle-même
se partagea sur ceux de les attaquer , entre
la modération et la terreur; chaque parti
arbora tour-à-tour ses drapeaux, la terreur
finissoit ce que la modération avoit commencé ; elles ne se sont jamais séparées : l'une
a toujours achevé l'ouvrage de l'autre. Nous
en sommes encore à ce cercle vicieux. Les
modérés sont toujours remontés au terrorisme suivant le besoin. Ainsi, le 14 julliet
Lafayette étoit terroriste : il rentra aux
jacobins, lors du départ du roi pour Varennes.

Brissot, la Gironde , et tout ce parti pa-
telin furent terroristes jusqu'au 2 Septembre.

Quand ils crurent remarquer que trop de
sang effarouchoit le peuple et éloignoit d'eux
l'étranger, ils rentrèrent dans les voies de
la modération et de la douceur, et ne par-
lèrent plus que d'humanité. Chaque parti a
fait de même. Jacobin pour obtenir le pouvoir, il devint modéré pour le garder, parce
qu'il sait bien qu'on ne gouverne à la longue
que sur un peuple de modérés ; un gouver-

nement et un peuple jacobins en seroient
toujours aux coups de poignards et n'obtien-
droient ou n'accorderoient jamais d'obéissance. Or, voilà précisément où nous en
sommes.

Le parti dominant en France, composé
d'anciens thermidoriens, de membres des
comités après Robespierre, furent terroristes
de son tems, mais ils ne l'ont été après lui
que dans de très-grandes occasions : ainsi
ils l'étoient à Quiberon, ils le sont encore
envers les chefs des Chouans, qu'ils font dé-
cimer sous prétexte de la sûreté personnelle
de ces chefs même ; ils l'étoient au 13 vendémiaire, au 18 fructidor ; ils le furent vraisemblablement envers le jeune Louis XVII,
après l'avoir été tant de fois, envers son
père ; ils l'ont été contre les gouvernemens
de Suisse et de Rome ; ils le seroient encore
contre tout ce qui s'opposeroit à leur domination. La machine du terrorisme est toujours montée ; elle est sous leur main ; ils la
laissent reposer par l'inutilité de s'en servir.
Ils ne s'en cachent pas, et leurs écrivains,
entr'autres Benjamin Constant, les représente sans cesse comme tenant le terrorisme
en lesse, prêt à le lancer sur leurs ennemis.
Le gouvernement français n'a donc pas une
modération inhérente à ses principes de jus-

tice ou de morale ; mais il a seulement une modération de calcul et d'intérêt personnel. Ce gouvernement composé en grande partie de ce parti politique , que Burke a si bien dépeint , a calculé sur l'esprit général du siècle et bien sûr qu'en le flattant sur les jouissances de la vie , on n'auroit rien à lui contester sur le reste , il a déposé le sceptre de Robespierre , pour jouir plus paisiblement de celui de Louis XVIII. On ne peut se figurer ce que la révolution a gagné à cette métamorphose ; les princes et les peuples n'ont plus rien eu à disputer à une révolution qui leur laissoit la vie. Les assassinats des princes ont été convertis en simples expulsions, comme à Modène et à Rome : les gouvernemens à une ou à plusieurs têtes , comme Venise et Gênes , ont été réduits à se démettre. Le résultat est le même ; mais le moyen n'est pas odieux et n'en tache pas la révolution. Robespierre eût fait traîner à la barre de la convention le roi de Sardaigne : il eût renouvellé sur le doyen des rois de l'Europe, les insultes prodiguées au vieux Priame : l'indignation , le courage de la peur l'auroient peut-être vengé. La modération actuelle s'est bornée à dépouiller son fils et à l'enfermer entre quatre républiques , de manière à ne pas pouvoir sortir de chez lui sans une carte de sûreté. Le pape eût certainement éprouvé un traitement indigne. On accorde quelques égards à son âge, la chrétieneté se félicite presque sur sa retraite et sa pension. Mais les révolutionnaires montent tranquillement au capitole et continuent sans reproches le cours de leurs destructions.

Voilà tout l'art et le fonds de cette modération. Tout ce qui ne se trouve pas sur le chemin de la révolution est épargné : le lion n'attaque pas celui qui le lui cède.....

Le gouvernement de France est devenu modéré avec les étrangers, lorsque ceux-ci ont cessé de résister, comme il le devint à l'égard des Français, a mesure qu'ils sont plus soumis. Leur soumission respective est la mesure commune des ménagemens qu'il accorde. Il n'est pas étonnant qu'il soit modéré envers qui ne lui conteste rien ou lui permet d'accomplir ses projets. Il veut bien promettre du répit à la moitié de l'Europe, après s'être emparé de l'autre ; il lui accorde un armistice, le printems, après s'être emparé, par ses quartiers d'hiver, de Mayence, de Rome et de la Suisse. Si le gouvernement français s'adoucit un peu sur le continent, c'est qu'occupé d'une immense entreprise contre l'Angleterre, il ne veut pas avoir trop d'ennemis à-la-fois. Que la descente réussisse

et l'on verra ce que couvroit cette modération, et si la mesure de sa volonté n'est pas
celle de sa puissance.

Sûrement la France n'est modérée à Rastadt, ni pour la forme ni pour le fonds ; elle
ne l'a été ni en Suisse, ni a Rome ; elle ne
l'est pas envers l'Amérique, encore moins
envers l'Angleterre ; avec le commerce de
tous les neutres. Cette bigarrure de conduite
prouve-t-elle pas qu'elle manque de principe
général, et qu'une opposition soutenue feroit
bientôt tomber le masque de modération,
de manière à faire appliquer au directoire
cette citation, qui peut dans tous les cas lui
servir de devise.

Et l'univers qu'il trompe, est plein de ses intrigues.

TABLE
DES CHAPITRES